M. Jacobe Wetzel

Der freie Flug zu Gott

Die Sehnsucht
der Schwester Ulrika von Hegne

M. Jacobe Wetzel

Der freie Flug zu Gott

Die Sehnsucht der Schwester Ulrika von Hegne

Beuroner Kunstverlag

Titelbild der Umschlagvorderseite:
Der freie Flug zu Gott

Impressum

Der freie Flug zu Gott
Die Sehnsucht der Schwester Ulrika von Hegne

1. Auflage 2014
Gestaltung: Katja Nida, Mainz · www.katjanida.de
Herstellung: Beuroner Kunstverlag, D-88631 Beuron
info@beuroner-kunstverlag.de · www.klosterkunst.de
Druck und Bindung: freiburger graphische betriebe, D-79108 Freiburg i. Br.
Printed in Germany

ISBN 978-3-87071-316-4

Ein Mensch, der Gott an die erste Stelle setzte

Schwester Ulrika wird am 18. September 1882, an einem Montag um 16 Uhr, in Mittelbiberach-Oberdorf in Oberschwaben geboren und am anderen Tag auf den Namen Franziska getauft. Da die Eltern erst ein Jahr später heiraten, wächst sie bei Großmutter und Taufpatin als geliebtes Kind auf. Die Schulzeit erlebt sie in großer Armut in Unterstadion bei den Eltern und Geschwistern. Bereits als Kind fühlt sie sich zum Gebet und stillen Verweilen in der Kirche hingezogen.

Um zum Unterhalt der Familie beizusteuern, arbeitet sie schon früh als Dienst- und Kindermädchen, zuletzt in einer Lehrerfamilie in Rorschach in der Schweiz. Als sie an einer schweren Gesichtsrose erkrankt, lernt sie im dortigen Krankenhaus die Barmherzigen Schwestern vom heiligen Kreuz kennen.

In ihr verstärkt sich ihr schon lang gehegter Wunsch, ins Kloster zu gehen. 1904 tritt sie im Provinzhaus der Barmherzigen Schwestern in Hegne ein und erhält bei der Einkleidung den Schwesternnamen Ulrika.

Im Kloster arbeitet sie in der Küche, einer Tätigkeit, in die sie viel Erfahrung mit einbringen kann. Mit ihrem liebenswürdigen Wesen wirkt sie still im Kleinen und Verborgenen. Wann immer sie kann, zieht sie sich zum Gebet zurück. Dennoch gibt es auch eine von starken Glaubenszweifeln geprägte Phase in Schwester Ulrikas Leben, in der ihr alles Religiöse sinnlos erscheint. Diese Dunkelheit fällt in die Zeit ihrer schweren Tuberkuloseerkrankung, die letztendlich zum Tod führt. Zuvor aber werden alle Zweifel weggeräumt von dem, der ihr Ein und Alles ist.

Am 8. Mai 1913 stirbt Schwester Ulrika im damaligen Schwesternkrankenhaus St. Elisabeth in Hegne. Sie ist bereit, sie freut sich auf das Sterben, um immer bei Jesus zu sein. Papst Johannes Paul II. spricht sie am 1. November 1987 im Petersdom in Rom selig.

Geleitwort

Tag für Tag pilgern zahlreiche Menschen zum Schrein der seligen Schwester Ulrika in die Krypta unter der Klosterkirche in Hegne. An ihrem ursprünglichen Grab auf dem Klosterfriedhof haben dankbare Verehrer Votivtafeln angebracht. Im Archiv des Ulrika-Hauses werden zehntausende von Bitt- und Dankesbriefe und Fürbittbücher aufbewahrt. Täglich kommen zahlreiche Zuschriften von Menschen, die auf die Fürsprache der seligen Ulrika vertrauend, von Gott Hilfe in ihren Nöten, aber auch Orientierung und hoffnungsvolle Perspektiven für ihr Leben erbitten oder schon erfahren durften. Schwester Ulrika stammt aus unserer Mitte, aus unserer Zeit. Sie war alles andere als eine großartige oder imponierende Erscheinung. Und dennoch ging von ihr eine Ausstrahlung aus, die alle Menschen in ihrer Umgebung ergriffen hat, weil ihr ganzes Denken und Tun von Jesus geprägt war und ihr Leben für die Menschen zum Zeichen der Gegenwart Gottes wurde. Ihre leise Stimme ist seit ihrem Heimgang vor hundert Jahren, am 8. Mai 1913, nie verstummt, ihr Leben ist ein eindringlicher Hinweis, dass es sich lohnt, sich dem lebendigen Gott ganz hinzugeben.

Schwester M. Jacobe, wie Schwester Ulrika selbst Kreuzschwester von Hegne, ist zuinnerst vertraut mit dem Charisma franziskanischen Ordenslebens: „Ganz dem Gekreuzigten und darum ganz dem Nächsten, der Liebe Christi Stellvertreterin“. Seit Jahrzehnten vertieft sie sich in das Leben und die Botschaft der seligen Schwester Ulrika. Aus diesem lebendigen und tiefen Vertrautsein mit der Seligen ist vorliegendes Buch „Der freie

Flug zu Gott“ erwachsen. Schwester M. Jacobe möchte hier nicht einfach biographische Daten und Stationen nachzeichnen. Sehr sensibel nähert sie sich dem inneren Antlitz und der spirituellen Botschaft, die Schwester Ulrika verwirklicht hat: vom Kreuz Jesu Christi die Barmherzigkeit Gottes zu leben. Die Lektüre dieses faszinierenden Buches macht uns die verborgene Heiligkeit von Schwester Ulrika transparent, durchscheinend für den Herrn, der den Ruf zur Nachfolge, zur Verwirklichung der Liebe auch in unser persönliches konkretes Leben, in unseren Alltag hineinspricht. Denn im Alltag muss sich die Lebendigkeit und Treue unseres christlichen Lebens erweisen.

Möge dieses Buch viele suchende Menschen ansprechen und möge ihnen die selige Schwester Ulrika Wegweiser sein für jene Berufung, die an alle in der Kirche ergeht, die Berufung zur Heiligkeit, auf dass Christus in uns immer mehr Gestalt annimmt.

Beuron, am 31. Dezember 2013

+ Theodor Hogg OSB

Erzabt em. von Beuron, Vizepostulator

Für alle, die ihren Ballast abwerfen wollen, um für den letzten Flug bereit zu sein

„Wir haben keine bleibende Stätte hier auf Erden
und so müssen wir wandern und uns lostrennen von allem,
was auf der Welt ist und von dem, was unser Herz noch hindert,
den freien Flug zu Gott zu nehmen.
Es kommt mir vor, der Mensch müsse,
wenn es soweit gekommen ist, sterben:
Denn das Herz ist ja umgewandelt und von göttlicher Liebe erfüllt
und kennt nichts Irdisches mehr.
Diese Seelen können die große Reise in die Ewigkeit antreten,
und es wird sie nicht ängstigen.
Ihr Herz ist los und hat den freien Platz zu Gott.“

Schwester Ulrika in einem Brief an eine Mitschwester

Selbstverständlich ist dieses Buch auch geschrieben für jene, die gelegentlich auf und davon fliegen möchten, für solche, die von leidenschaftlicher Sehnsucht erfüllt sind und nicht zuletzt für Menschen, die Schwester Ulrika verehren und immer mehr kennen lernen wollen.

Schwester Ulrika hat eine ausgeprägte Beobachtungsgabe, die sie in Bildern und Gleichnissen ausdrückt.

Einige dieser Bilder und Vorstellungen sollen Ausgangspunkt dieses Buches sein, um tiefer in ihr Leben und ihre Spiritualität einzudringen, um sie besser zu verstehen, um für das eigene Leben Impulse zu gewinnen für diesen freien Flug.

Der freie Flug zu Gott!

Der Traum vom Fliegen ist ein uralter Traum der Menschheit. Wir beneiden manchmal die Vögel, wie sie sich in die Lüfte schwingen können. Könnten wir doch auch hin und wieder einfach davon fliegen, wenn die Schwerkraft der Erde uns drückt. Aber auch Vögel und Flugzeuge haben ihre Grenzen, und sie sind es nicht, die uns zu Gott bringen.

Aufsteigen, frei zu Gott fliegen, heißt Ballast zurücklassen. Auch bei den Flugreisen ist das Gepäck begrenzt.
Wer darf überhaupt fliegen, wer bezahlt den Flug?
Wie sicher sind Billigflüge?

Erinnern wir uns an manche Schlagwörter, Zeitungsüberschriften oder auch Einladungen der Fluggesellschaften:
Tag der Flugausfälle bei der Lufthansa!
Frühlingsbeginn und keine Höhenflüge!
Finde den billigsten Flug!
Fliegen Sie mit uns!
Wir fliegen Sie an den Ort Ihrer Sehnsucht!

Ja, das möchte Schwester Ulrika mit ihrer Vorstellung eines freien Fluges zu Gott, zum Ziel ihrer Sehnsucht gelangen. Es geht dabei nicht um einen Kurzflug, es wird kein kurzer Abstecher über ein Wochenende oder ein Kurzurlaub sein, sie spricht von einer „großen Reise in die Ewigkeit“, vor der wir keine Angst haben müssen.

Um ein umfassendes Bild unserer Schwester Ulrika zu gewinnen, nehme ich die Zeugnisse von Menschen auf, die Schwester Ulrika als Franziska (Fränzi oder Fanny) in ihrer Kindheit und Jugendzeit erlebt haben oder ihr in Rorschach im Haushalt der Familie Morger begegnet sind. Schwestern, die mit ihr im Noviziat oder in Bühl oder im Vinzentiushaus in Baden-Baden gelebt und gearbeitet haben, legen ein umfangreiches Zeugnis ihres heiligen Lebens ab.

Beeindruckend sind die Berichte der damals jungen Frauen, der sogenannten Kochlehrtöchter in Baden-Baden, die von Schwester Ulrika viel gelernt haben im Bereich der Hauswirtschaft in einer Großküche und von ihrem Leben, das Gott an die erste Stelle setzte.

Hegne, 1. November 2013
Am Fest Allerheiligen

M. Jacobe Wetzel

Barmherzige Schwester vom heiligen Kreuz

Der freie Flug zu Gott

Das Bild will zeigen, was Schwester Ulrika geschaut und ersehnt hat:

Der freie Flug zu Gott, zu ihrer letzten Vollendung und zur Vereinigung mit ihrem geliebten Jesus.

Schwester Ulrika ist beglückt von ihren inneren Erfahrungen, von der Musik, die sie dabei hört und den verschiedenen Farben, die sie sieht.

Weiß und blau sind die Farben, die sich ihr am häufigsten zeigen. Verschiedene Rottöne und Gold bilden den Rahmen ihrer Innenschau. Das Bild zeigt eine freie Bahn nach oben, kein Hindernis kann den Flug aufhalten. Offenheit, Weite, Freiheit, Klarheit und Grenzenlosigkeit eröffnen den Weg zu ihrem Ziel.

Inhalt

Der Weg zum freien Flug,
den uns Schwester Ulrika zeigt

„Wir haben keine bleibende Stätte hier auf Erden,
und so müssen wir wandern
und uns trennen von allem,
was auf der Welt ist und von dem,
was unser Herz noch hindert,
den freien Flug zu Gott zu nehmen.“

Schwester Ulrika

Ich möchte fliegen können

Schwester Ulrikas Vergleiche aus der Natur, aus ihrer Umwelt, entspringen sicher mehr den Erinnerungen aus der Kindheit in Mittelbiberach-Oberdorf und Unterstadion als ihren Erfahrungen im Kloster. Vor allem in Bühl und Baden-Baden waren ihre Wirkungs- und Lebensräume hauptsächlich auf Küche und Kapelle beschränkt. Aber nirgends lesen wir in ihren Aufzeichnungen, dass sie sich andere Möglichkeiten wünschte. Ihr Innenleben war so reich, dass ihr das genügte.

Und doch äußert sie Wünsche, die sich allerdings ganz auf ihr Leben mit Gott beziehen.

Ja, sie möchte fliegen können.

Die Möglichkeit des Fliegens hat sie vermutlich an Tieren, vor allem an den Vögeln beobachtet, denn der Flugbetrieb war zu ihrer Zeit noch sehr beschränkt und kaum wahrnehmbar. Auch in Baden-Baden war damals wahrscheinlich noch kein Start- und Landeplatz. Drachen- und Gleitschirmfliegen standen erst in der Planung, im Entwurf und in der Sehnsucht mancher Menschen.

Es gab schon früh Versuche, es den Vögeln gleich zu tun. Wenn schon ein kleiner Vogel wie der Spatz sich ohne Hilfe von außen vom Boden in die Lüfte erheben kann, wie sollte es nicht erst recht einem Menschen gelingen, mit seinen starken Armen der Schwerkraft der Erde zu trotzen. Dieser Gedanke war und ist ein Trugschluss. Viele Versuche endeten im Absturz, im Tod.

Allerdings war diese Art des Fliegens nicht in Schwester Ulrikas Vorstellung.

Ausgangspunkt ihrer großen Reise, ihres Fluges, war ihre Sehnsucht nach dem Himmel, ein Zurückkehren in die verlassene Heimat.

Ihre Sehnsucht nach endgültiger Vereinigung mit ihrem Jesus ist so groß, dass sie sich auf den „freien Flug" vorbereitet.

Ja, es ist schon so, dass die Sehnsucht dem Herzen Flügel gibt. Johannes Broxtermann machte sich Gedanken zum Fest Christi Himmelfahrt, und Lothar Zenetti, katholischer Theologe und Schriftsteller, schreibt ein Gedicht über den verlorenen Flügel:

Einen Augenblick lang

Manchmal, in seltenen Stunden,
spürst du auf einmal nahe dem Herzen,
am Schulterblatt schmerzlich die Stelle,
an der uns, wie man erzählt,
vor Zeiten ein Flügel bestimmt war,
den wir verloren.

Manchmal regt sich dann etwas in dir,
ein Verlangen, wie soll ich's erklären,
ein unwiderstehliches Streben,
leichter und freier zu leben
und dich zu erheben
und hoch über allem zu schweben.

Manchmal, einen Augenblick lang – dann ist es vorbei,
erkennst du dein wahres Gesicht,
du ahnst, wer du sein könntest und solltest.
Dann ist es vorbei. Und du bist, wie du bist.
Du tust, was zu tun ist.
Und du vergisst. — *Lothar Zenetti*[1]

Haben wir den Flügel, der uns mit dem Himmel verbindet, verloren und vergessen? Weiter sagt Johannes Broxtermann:

„Es gibt Augenblicke, in denen es uns überkommt. Da war doch noch etwas, denken wir dann. Da hat es doch noch mehr gegeben, mehr als Alltag und Mühen und die tägliche Tretmühle. Und plötzlich schmerzt es in uns. Leben könnte auch ganz anders sein, denken wir dann: freier – weiter. Nicht so erdenschwer – himmelsnäher. Sehnsucht überkommt uns dann – wehmütige Sehnsucht: anders zu leben. Es gibt dieses Stück Himmel in unserem Inneren – diesen verlorenen Flügel, der uns erinnert, wie wir eigentlich gedacht sind. Es gibt diesen Flügel, der uns sagt, wie wir eigentlich sein könnten."[2]

Ein Stück Himmel in unserem Innern, das hat Schwester Ulrika wahrgenommen. Eine der Kochlehrtöchter meinte: „Ich dachte: Schwester Ulrika hat den Herrgott in sich drin."

Und eine Schwester, die mit Schwester Ulrika Novizin war und sie kurz vor ihrem Tod im Krankenhaus in Hegne besuchte, berichtet:

„Auf die Frage, wie es ihr gehe, sagte sie: ‚O Schwester Elvira, mir geht es gut; ich habe die Schwindsucht und warte auf den Tod'. Dies beeindruckte mich tief und ich dachte: ‚Schwester Ulrika ist reif für den Himmel'. Als ich von ihrem Tod erfuhr, konnte ich nicht traurig sein. Ich hatte das Bewusstsein: Schwester Ulrika ist im Himmel."

Schwester Ulrika sagte selber: „Der liebe Gott kann mich holen, wann er will, ich bin gerichtet zum Gehen."

Ich erinnere an den Ausschnitt des Briefes, der mich anregte, dieses Buch zu schreiben. Sie hat diesen Brief kurz vor dem Sterben an eine ihrer Mitschwestern nach Baden-Baden geschrieben:

„Wir haben keine bleibende Stätte hier auf Erden, und so müssen wir wandern und uns lostrennen von allem, was unser Herz noch hindert, den freien Flug zu Gott zu nehmen. Es kommt mir vor, der Mensch müsse, wenn er soweit gekommen ist, sterben."

Wollte Schwester Ulrika wirklich fliegen können? Sicher nicht in einem Flugzeug oder mit einem Gleitschirm.

In der Geschichte Israels, im Verhältnis zu den andern Völkern, wird der an Israel handelnde Gott mit einem Adler verglichen, der mit sanft schlagenden Flügelspitzen über seinem Neste schwebt, um die Jungen zu „erregen", d. h. um die eben flügge Gewordenen zum Fluge zu begeistern, dann aber auch, die Flügel ausbreitend, eines aufnimmt und es auf seinem Fittich trägt. Die Heilige Schrift im Buch Exodus und im Buch Deuteronomium schenkt uns diesen wunderbaren Vergleich, wie Gott an seinem Volk handelt.

Vielleicht hat Schwester Ulrika diesen Vergleich aus der Bibel nie kennen gelernt, da sie sicher keine Vollbibel besaß. Aber sie hat Gott erfahren als einen, der sie trägt, beschützt, auffängt und auf den freien Flug vorbereitet.

Auch sie selber spricht vom Fliegen in ihren Aufzeichnungen und Aussagen: „Oh, man möchte nur fliegen zu den seligen Geistern."

Diese Art des Fliegens entsprang ihrer Sehnsucht nach Jesus.

So schreibt sie in einem Brief nach Baden-Baden: „Die Karte von der Kapelle habe ich erhalten, und das habe ich schon manchmal ein bisschen gewünscht, dass ich abends an dieses Plätzchen, bis um 24 Uhr fliegen könnte."

Und ihre Mitschwester, die mit ihr das Zimmer teilte, erzählt: „Einmal kleidete sich Schwester Ulrika um 4 Uhr morgens an. Ich fragte: Wohin um diese Zeit?

Schwester Ulrika sagte, sie halte es nicht mehr aus vor Sehnsucht nach der heiligen Kommunion. Sie ging ans Fenster, unter dem die Kapelle war und sagte, sie wollte am liebsten hinunterfliegen. Vor lauter Sehnsucht hatte sie starkes Herzklopfen."

Ja, sie wollte fliegen können, um am Ort ihrer Sehnsucht zu sein.

Und als Schwester Ulrika in den letzten Zügen lag, schickte sie die pflegende Schwester in das Nebenzimmer, um sich einer kranken Mitschwester anzunehmen. „Und währenddessen", sagt Schwester Marina, „ist uns Schwester Ulrika nur so davon in den Himmel geflogen."

Nichts hat sie mehr gehindert, den freien Flug zu Gott zu nehmen.

Auch ich möchte manchmal fliegen können. Das konnte ich früher oft im Traum.

Wenn uns die Schwerkraft der Erde nicht festhalten würde! Es zieht uns oft nach unten, macht uns schwer und kraftlos. Mit beiden Beinen sollen wir auf der Erde stehen. Ja, aber so kommen wir oft nicht recht voran.

Aber was wäre, wenn wir uns so einfach in die Luft heben könnten? Ich bin nicht schwindelfrei; auch gäbe es ein Chaos, noch mehr, als wir es schon auf der Erde erleben. Die Anziehungskraft der Erde hat auf jeden Fall den Vorteil, dass es kein unkontrolliertes Herumfliegen gibt.

Aber wenn es Zeit ist, wenn wir bereit sind, allen Ballast loszulassen und alle Hindernisse zu beseitigen, sind wir für den freien Flug vorbereitet.

Und wenn wir wieder einmal davon fliegen möchten, wenn uns alles zu viel wird, dann schließen wir uns einfach den Wünschen und Träumen an, die der Psalmist im 55. Psalm spricht:

„Ich wollte, ich hätte Flügel wie eine Taube!
Dann könnte ich fliegen
und eine Zuflucht suchen,
weit weg in die Wüste könnte ich fliehen
und endlich wieder Ruhe finden.
Ich würde schnell zu einem Schutzort eilen,
wo ich sicher bin vor dem rasenden Sturm."

Und darauf spricht uns Jesus eine Einladung zu:

„Kommt alle zu mir, die ihr euch plagt und schwere Lasten zu tragen habt. Ich werde euch Ruhe verschaffen. Nehmt mein Joch auf euch und lernt von mir; denn ich bin gütig und von Herzen demütig; so werdet ihr Ruhe finden für eure Seele. Denn mein Joch drückt nicht und meine Last ist leicht" (Mt 11,28–30).

Uns lostrennen von allem, was uns hindert zum freien Flug. Ballast abwerfen, nicht nur materiellen Ballast, sondern vieles andere, was uns drückt und das Leben schwer machen kann, so z. B. Schuld, Krankheit, Armut, Unversöhntheit, Hass und Feindschaft. Jesus lädt uns ein, bei ihm zur Ruhe zu kommen und die Lasten bei ihm abzugeben.

Auch der Tanz kann den Menschen ein wenig befreien von der Schwere des Alltags und der Sorgen. Der heilige Augustinus rät uns:

„O Mensch, lerne tanzen,
sonst wissen die Engel
im Himmel mit dir
nichts anzufangen."

Schwester Ulrika wird von den meisten Menschen als die demütige, einfache Küchenschwester gesehen und auch verehrt. Und das ist sie auch. Aber nur wenige wissen um ihre musische Begabung. Die sie kannten, haben sie erlebt als eine, die sehr gerne und viel sang und eine schöne Stimme hatte. Auch konnte sie sich einlassen auf das, was ihren jungen Lehrtöchtern Freude machte. Und das geschah nicht irgendwo, sondern in der Küche im Vinzentiushaus. Eine dieser jungen Frauen sagte über Schwester Ulrika: „Sie sang gerne und viel mit uns. Manchmal tanzten wir mit Schwester Ulrika; ich musste dazu pfeifen, da ich gut pfeifen konnte. Sicher tat Schwester Ulrika das, um uns Freude zu machen und damit wir zufrieden waren." Auf die Frage: Konnte Schwester Ulrika denn tanzen? antwortete sie: „Schwester Ulrika ließ sich halt von den Mädchen herumschleifen." Ein anderes Mal, es war an einer Fastnacht, übte sie mit den Lehrtöchtern einen „Kochlöffeltanz" ein und tanzte auch mit. Schwester Ulrika war nicht Antreiberin solcher Unternehmungen, aber auch nie Spielverderberin.

Manchmal, wenn ich in meinem Zimmer sitze und Musik höre, denke ich, ob Schwester Ulrika auch Freude daran hätte. Ich glaube schon, aber sie hatte dazu keine Möglichkeit. Aber brauchte sie denn diese Musik? Ihre inneren Bilder wurden begleitet von Farben und Musik, von original himmlischer Musik.

Bei einem Selig- oder Heiligsprechungsprozess wird nach dem Tugendleben gefragt. Bei Schwester Ulrika war eindeutig die Demut an erster Stelle. Das heißt aber nicht, das Schwester Ulrika, wie sich das vielleicht manche vorstellen, niedergedrückt war, sich klein machte. In der Küche sangen sie gerne miteinander das Lied: „Ein Herz, das sich mit Sorgen quält, hat selten frohe Stunden."

Aufrecht ging sie ihren Weg. Eine Frau, die sie in Rorschach als Dienstmagd kennen lernte, sagte von ihr: „Ich erinnere mich noch deutlich an Fanny (so wurde sie in Rorschach genannt) und weiß noch, wie ich damals die Art bewunderte, wie sie so still, doch ohne Kopfhängen ihre Wege ging, und war dann auch nicht erstaunt, als ich erfuhr, dass sie ins Kloster ging."

Eine der Lehrtöchter äußerte sich später. „Man sollte nicht glauben, dass es möglich ist, so fromm und doch so froh und heiter zu sein."

Eine andere der jungen Frauen erinnerte sich: „Am Abend nach getaner Arbeit saßen wir oft zusammen, und da ging es dann heiter und froh her. Manchmal sangen wir frohe Lieder und Schwester Ulrika war froh unter den Frohen. Launisch oder verdrießlich sah ich sie nie." Wenn es allerdings zu laut wurde und zu lange dauerte, führte sie es liebevoll zu Ende.

„Von Schwester Ulrika lernten wir verstehen, was es heißt: ‚Bete und Arbeite'. Von ihr aus ging Arbeitslust, Frohsinn, Gebetsfreude und Gottesliebe auf uns Mädchen über", fasste eine ihre Erfahrungen mit Schwester Ulrika zusammen.

Die aufrechte Haltung, die Freude am Tanzen, das sind doch schon Ansätze zum „freien Flug zu Gott"!

„Es ist, als müsse man mit jedem Atemzug
noch mehr Liebe einatmen
und wird doch niemals satt."

Schwester Ulrika

Ich möchte Liebe einatmen

Liebe einatmen immerzu und nie satt werden, Liebe gleichsam aufsaugen und in neue Kraft verwandeln, das wünscht sich Schwester Ulrika. Atem ist Leben, ist neue Energie. Die Liebe ist eine erneuerbare Energie. Indem sie verschenkt wird, erneuert sie sich.

Der Atem ist ein stiller Begleiter, ich kann ihn wahrnehmen. Aber meist denke ich gar nicht daran, dass ich atme. Über die wichtigste Quelle unserer Lebensenergie machen sich viele von uns kaum Gedanken. Stress und Anspannung schnüren uns oft die Luft ab, auch die Angst raubt uns den Atem.

Der Atem wird mir dann bewusst, wenn ich Atembeschwerden habe, wenn ich atemlos bin. Allerdings ist das eine Redewendung, denn wenn ich atemlos bin, kann ich nicht mehr leben. Schwester Ulrika hat gegen Ende ihres Lebens an sich selbst erfahren, wie ihr durch die Kehlkopf- und Lungentuberkulose das Atmen große Mühe machte.

Wer die Kunst des Atmens versteht, tut sehr Wichtiges für die Gesundheit. Wenn wir – wie bei der Meditation – bewusst den Atem einmal wahrnehmen, spüren wir, wie er durch den Körper strömt.

Der Atem strömt ein und wieder aus, das Strömen ist wie ein Fließen eines Flusses. Der Atem geht so selbstverständlich, er gehört einfach zum Menschen, zu allem, was lebt, er gehört zu mir. Dieses gleichmäßige Ein- und Ausatmen hält mich am Leben.

Zum Schluss der 150 Psalmen ruft der Psalmist allen Lebewesen zu:

„Alles, was atmet, soll den HERRN rühmen“ (Ps 150). So zeigt der dankbare Mensch die Freude an Gott und Seiner Schöpfung:

Mit dem Schall der Hörner, mit Harfe und Zither!
Mit Pauken und Tanz, mit Flöten und Saitenspiel!
Mit hellen Zimbeln, mit klingenden Zimbeln!

Wenn es heißt: Alles, was atmet! So ist doch die ganze lebendige Schöpfung zum Lob Gottes aufgerufen:

Auch durch das Brüllen der Löwen, das Heulen der Wölfe, das Blöken der Schafe, das Bellen der Hunde, das Miauen der Katzen, das Zwitschern der Vögel, das Quaken der Frösche, das Zirpen der Grillen, das Piepsen der Mäuse, das Singen der Wale und Delphine.

Alles, was atmet: Auch das Wehen des Windes, das Flackern des Feuers, das Sprudeln des Wassers und das Blühen der Blumen und Bäume, das Reifen der Trauben und Ähren, der Beeren und Früchte.

Und in diesen großen Chor der ganzen Schöpfung lässt auch Schwester Ulrika ihre schöne Stimme erklingen: Alles, was atmet, soll den HERRN rühmen!

Schwester Ulrika sind manche dieser Bilder nicht fremd, hatte sie doch ein feines Gespür für die Natur, obwohl sie als Schwester in der Küche kaum die Gelegenheit bekam, die Natur zu erleben. Der Sonnenuntergang, den sie von der Küche aus wahrnehmen konnte, hat sie in Ekstase versetzt. In allem sieht sie den Schöpfer dahinter, der den Atem, das Leben schenkt aus Liebe zu allem Lebendigen.

Auch ihre Hingabe an das Herz Jesu drückt sie aus mit Vergleichen aus der Natur: Sie gibt sich hin soviel mal als es Augenblicke in der ganzen Ewigkeit gibt, soviel mal als Sandkörnlein auf Erden, Stäubchen in der Luft, Tropfen Wasser im Meere, Blätter auf den Bäumen, Vögel in der Luft, Grashälmchen auf den Wiesen und Blümchen auf den Feldern sind. Also ihre Hingabe, ihre Liebe zu Jesus, ist unzählbar.

„Alles, was atmet, soll den HERRN rühmen."

In der biblischen Sprache heißt der Atem auch Wind, Hauch, Geist, Braus, Ruach. Und: „Der Geist weht, wo er will." Er ist Dynamik, bringt neues Leben und schafft Frieden.

Der Hauch, das Anhauchen erinnert an die Schöpfung, bei der Gott dem Adam, dem Erdling, Lebensatem einhaucht. Und in Gen 1,2 lesen wir: „Der Geist Gottes schwebte über den Wassern."

Der Auferstandene beschenkt die traurigen und ängstlichen Jünger mit Seinem Geist, mit neuem Leben. Mit diesem Ostergeschenk ausgerüstet, können sie gesandt werden.

Schwester Ulrika fand diesen wunderbaren Vergleich mit dem Ein- und Ausatmen, um uns zu zeigen, wie wichtig der Atem ist für den Menschen, für alles, was lebt, und dass der Atem nicht stillstehen, nie aufhören darf. Und so denkt sie, ist es doch mit der Liebe. Ja, lassen wir Liebe wie Atmen sein. Atmen wir ein und atmen wir aus, doch lassen wir es Liebe sein, die hereinkommt und wieder herausgeht, sich erneuert und wieder kommt.

Schwester Ulrika wollte eine Liebe gegenüber allen haben, denen sie begegnete, sie wollte Liebe einatmen, um sie dann nach außen, zu den Menschen hin, ausatmen, verströmen zu können. Sie wollte Liebe einatmen, nicht um selbst davon satt zu werden, sondern anderen zum Leben, zum freien Atmen, zu verhelfen.

Schwester Ulrika wird nicht müde, ihre Liebe auf vielfältige Weise auszudrücken: eine Liebe, die sich nicht allein auf Jesus bezieht, sondern auf die Menschen; eine Liebe, die nichts und niemanden ausschließt.

Das zeigt sie auch heute gegenüber den vielen Verehrern in aller Welt, die ihrer Liebe vertrauen, die sie anrufen als Fürsprecherin bei Gott, die sie begleitet in allen ihren Nöten. Es sind oft Menschen, die atemlos geworden sind, weil sie sich gejagt fühlen und nach Halt und Sicherheit suchen. Sie ist auch heute in besonderer Weise ein Ort, an dem Leidende sich ausweinen können. Sie schenkt ihnen ein offenes Herz, ist ihnen Zufluchtsort, an dem sie sich ausruhen und neue Kraft schöpfen können.

Die Gottesliebe darf wohl als die treibende Kraft im Leben der Schwester Ulrika betrachtet werden. Eine der Lehrtöchter sagte: „Ihre starke Gottesliebe riss uns einfach mit. Neben Schwester Ulrika musste man gut sein."

Schwester Michaela, die mit ihr das Zimmer teilte, erzählte einmal: „Als ich Schwester Ulrika in der Kapelle holte und wir zusammen zum Schlafzimmer im 4. Stock gingen, musste sich Schwester Ulrika unterwegs auf die Treppe setzen. Ich fragte sie, was ihr sei. Darauf meinte sie: ‚Ich kann nimmer, ich kann nimmer'. Auf meine Frage: ‚Warum denn'? antwortete sie: ‚O, die Gottesliebe, o die Gottesliebe'."

Schwester Ulrikas Bruder Franz, das zweite Kind der Klothilde und des Ulrich, stellt seiner Schwester ein sehr schönes Zeugnis aus, indem er sagt: „Es war so etwas Liebes in ihrem Wesen. Ihre Stille und Bescheidenheit, die durchaus natürlich waren, ließen sie bald die Herzen aller gewinnen." Und weiter konnte er beobachten: „Es ist in ihrem Leben keine Umkehr und Bekehrung, sondern eine geradlinige Entfaltung, ein stetes Fortschreiten zu immer vollkommener Gottesliebe festzustellen."

Schwester Ulrika hat an sich erfahren, dass die Gottesliebe der wahre Schatz der Menschen ist. Der Mensch hat die Sehnsucht, Jesus Christus zu begegnen.

In der Begegnung mit Jesus hat Schwester Ulrika schon sehr früh erfahren, wohin sie gehört und wem sie ihr Leben schenken wollte. So wuchs sie hinein in die enge Beziehung zu Jesus, zu ihrem Bräutigam. Sie wusste aber, wem sie nachfolgte und mit wem sie sich vereinigte.

Es war einer, der wie ein Verbrecher als Kreuz geschlagen wurde, der aber durch dieses Kreuz die Menschheit erlöste. Ihre Liebe integrierte ganz bewusst Kreuz und Leiden in ihr Leben, und so konnte sie sagen: „O meine Liebe, komm und kreuzige deine Braut; o mein einziges Gut, ich stehe vor dir mit ausgespannten Armen, um das Kreuz zu umfangen. O glückliches Kreuz, ich umfange dich, du bist mein Liebstes auf der Welt. O, wie freut es mich, mit meinem Geliebten an das Kreuz gebannt zu sein."

Das Herz und das Kreuz Jesu wurden ihre bevorzugten Orte, ihre Lieblingsorte, an denen sie Kraft schöpfte und Trost suchte.

Schwester Ulrika lernte schon sehr früh Kreuz und Leid kennen. Sie war zunächst ein unerwünschtes Kind. In Unterstadion war die Familie Nisch die ärmste im Dorf. Und doch lesen wir nirgends von Klagen oder Vorwürfen über diese Situation den Eltern oder Gott gegenüber. Im Gegenteil, sie war ihren Eltern immer dankbar.

Gott hat ihr wohl einen besonderen Schutz mit auf die Erde gegeben.

Schon früh konnte sie sich selber sagen und später den Mitschwestern und den Lehrtöchtern bei Schwierigkeiten raten: „Mut! Aus Liebe zum Heiland! Es geht alles vorbei, das Gute und Ungute."

Die jungen Frauen in Baden-Baden haben ganz aus der Nähe erlebt, was Schwester Ulrika meinte mit der Aussage: „Liebe einatmen und nie satt werden." Sie gab diese Liebe weiter, sie ist übergeflossen zu den Menschen, die ihr begegneten.

So konnten sie sagen: „Ich bin überzeugt, Schwester Ulrika konnte nicht lieblos denken, viel weniger lieblos reden. Darum duldete sie auch nicht, dass wir über andere kritisierten oder schimpften. Sie hörte auch keine Schwätzereien an. Das wussten wir von vornherein und wir hielten uns daran."

„Schwester Ulrika kannte keine Parteilichkeit, sondern war gegen alle gleich freundlich und zuvorkommend. Sie sprach auch nie ungünstig über andere, hat nie gegen die schwesterliche Liebe gefehlt; ließ auch solches Reden in ihrer Umgebung nicht zu." „Ich wüsste nicht, wie sie zornig ausgesehen hätte."

Eine der jüngsten Lehrtöchter bezeugte: „Gerade der ruhige, sanfte Charakter fiel mir besonders auf und zog mich zu Schwester Ulrika hin. Am liebsten gesellte ich mich zu ihr, weil sie brav und ein außergewöhnliches Wesen war. Ich fühlte mich bei ihr einfach geborgen und glücklich. Ich liebte Schwester Ulrika mehr als meine eigene Mutter, denn sie verstand meine kindliche Seele."

Schwester Ulrika hat die Gottesliebe, die sie immerzu einatmete, vor allem auch den Kindern, Kranken und Armen geschenkt. In Rorschach fühlte sie sich am wohlsten bei den vier Kindern der Familie Morger. Professor Zweifel, der auch im Lehrerseminar wohnte, beobachtete: „Die vier Kinder der Familie waren ihre Lieblinge. Das Bild, das mir am stärksten geblieben ist, ist das: Franziska im Park des Seminars auf einer Bank sitzend, ein Buch in der Hand, die Kinder um sie herum spielend, von ihr in Liebe und Güte, mit Ruhe und Besonnenheit, aber nicht minder in Entschiedenheit und Gewissenhaftigkeit betreut und gemeistert. Die Kinder waren ihr stark überlassen. Sie hat sie offenbar gut verstanden und diese hingen an ihr."

Ihrer Schwester Anna, die auch mit 16 Jahren als Dienstmagd ihr Geld verdienen musste, gab sie in einem Brief, der auf den 27. Dezember 1911 datiert war, den Rat: „Hast du auch Kinder zu besorgen? Sei ja recht gewissenhaft bei denselben und besorge und pflege sie gut, besonders wenn die Herrschaft fort ist. Denn wie schnell ist etwas passiert. Denn ich weiß alles aus eigener Erfahrung, obwohl ja nie etwas Gefährliches vorgekommen ist. Bete mit ihnen und lehre sie fromme Sprüche, denn was in die Kinderherzen kommt, das bleibt darin, ob gut oder böse."

Die Buben der Tante Gertrud, die sie oft betreute, mit denen sie betete und mit ihnen spielte, liebten sie als ihre Schwester. Lange wussten sie nicht, dass es ihre Cousine war und nicht ihre leibliche Schwester. In Rorschach oder in Mittelbiberach-Oberdorf war es ihr ein großes Anliegen, die Kinder zum Gebet und zum Gehorsam gegenüber den Eltern zu erziehen. In der eigenen Familie in Unterstadion war es unter anderem auch ihre Aufgabe, die jüngeren Geschwister zu hüten. Wie ist es ihr dabei wohl gegangen, als von ihren Geschwistern fast jedes Jahr eines starb? Zwar erinnerte sich ihre Schwester Luise, wie sie, die Kinder der Familie Nisch, sich jedes Mal freuten, wenn wieder ein Geschwisterchen zur Welt kam. Da gab es zur Taufe ein besseres Essen. Das sind die Freuden der Armen. Gab es keine Trauer, als die meisten dieser Neugeborenen schon nach ein paar Wochen oder schon am gleichen Tag starben oder tot zur Welt kamen? Wie hat die Familie das jeweils verkraftet? Schwester Ulrika – Fränzi – hat das fünf Jahre lang in nächster Nähe miterlebt. Wir lesen nirgends etwas darüber. War die Kindersterblichkeit damals so selbstverständlich? Sicher gab es diese in vielen Familien, auch bei meinen Vorfahren. Aber dass von vierzehn Geburten neun Kinder nicht lebensfähig waren, ist doch ein Zeichen, dass es bei Ulrich und Klothilde zwar am Willen zum Leben und an einem Leben aus dem Glauben nicht fehlte, aber sie konnten in ihrer Armut ihren Kindern nicht das geben, was sie zu einem gesunden Leben brauchten, so sehr sie sich darum bemühten.

Klothilde, die Mutter der Nischkinder, wird als fleißige, saubere Hausfrau geschildert. Aber es wird auch gesagt, dass sie etwas kränklich und schwächlich war. Ist das zu verwundern, wenn sie in den gebärfähigen Jahren fast immer schwanger war und die nötige Kraft in diesen armen Verhältnissen nicht bekommen hat?

Fast ein Jahr war Schwester Ulrika als Kandidatin in Zell-Weierbach bei Offenburg. Hier war sie vor allem im Haushalt tätig, hat aber in der Krankenpflege mitgeholfen. Die Kranken hatten es am liebsten, wenn die Kandidatin Franziska zu ihnen kam, so dass die Krankenschwester sich fragte, was diese denn anders machte als sie.

Im Vinzentiushaus in Baden-Baden kamen oft Arme zum Essen, bevorzugt wollten sie von Schwester Ulrika das Essen bekommen. Die Lehrtöchter beobachteten, wie sie für diese Armen das Essen mit viel Liebe anrichtete, als wären es hochgestellte Personen oder Jesus selber.

Schwester Ulrikas demütige Haltung wurde zunächst nicht von allen verstanden, und eine ihrer Lehrtöchter hat sich oft geärgert darüber: „Ich tadelte Schwester Ulrika oft, weil sie alles so selbstlos, d.h. ohne Widerrede hinnahm, die ärgsten Grobheiten; heute kann ich das aus ihrer großen Gottesliebe heraus mir erklären. Heute denke ich, das Ja zum Leid, die große Gottesliebe und die Einfachheit und Schlichtheit haben Schwester Ulrika so groß gemacht. Sie liebte unnötiges Geschwätz nicht, sie verstand, Meinungsverschiedenheiten gut zu beseitigen und zu schlichten. Wir konnten ihr keine groben Antworten geben. Bei aller Liebe zu ihr, hatten wir Ehrfurcht vor ihr. Sie war einfach und gerecht und übte durch ihre ganze Haltung großen Einfluss auf uns aus."

Eine Mitschwester, die Schwester Ulrika sehr schätzte und beobachtete, konnte feststellen, dass Schwester Ulrika die Liebe auch nicht im geringsten verletzt habe, weder in Worten noch in Taten. Dieser Meinung waren auch viele andere.

Eine Schwester hätte gerne mehr über Schwester Ulrikas Innenleben erfahren. Doch die Ehrfurcht verbot ihr, sie auszufragen, da Schwester Ulrika in dieser Sache sehr zurückhaltend war. Aber ihrer Beobachtung entging nicht, dass sie es liebte, „... über Gott und göttliche Dinge zu reden und da konnte ich zuweilen einen Blick in ihr Innenleben werfen. Durfte etwas erfahren und spüren von der Glut der Liebe zu Jesus, zum Leiden mit Ihm, für die Heiligung und Rettung der Seelen."

Liebe einatmen und nie satt werden. Diese Liebe konnte sie ausatmen, weiter fließen lassen zu den Menschen. Und das will sie auch heute.

Auch ich möchte Liebe einatmen, meine inneren Räume weit öffnen für diese Liebe, denn ohne Liebe gibt es kein erfülltes Leben. Weit weg bin ich noch von dem, was Schwester Ulrika mir zeigt, um den freien Flug vorzubereiten, die geschenkte eingeatmete Liebe umzusetzen und weiter zu schenken, weiter strömen zu lassen.

Für Schwester Ulrika war schon immer die Liebe die treibende Kraft für den freien Flug. Ihr Leben schenkt mir Impulse, macht mir Mut, es zu wagen, immer wieder neu aufzubrechen, anzufangen.

„Man muss die Läden schließen.“

Schwester Ulrika

Ich möchte gesammelt beten können

Einer der ganz großen Wüstenväter, Evagrius Ponticus, Mönch, Asket und Schriftsteller im 4. Jahrhundert n. Chr., fasst die Lehren der Wüstenväter über das Gebet zusammen und deutet die Erfahrungen, die wir auf dem Weg der Kontemplation machen.

Er zeigt, wie das Gebet zur Grundlage von Freude und Dankbarkeit wird, zu Demut und Milde führt und Traurigkeit und Mutlosigkeit vertreibt. Er beschreibt, wie wir uns vor Ärger, Zorn und beunruhigenden Gedanken schützen können und im Gebet zur Ruhe kommen. So ist es nicht nur Gewohnheit, sondern wird mehr und mehr zur inneren Erfahrung.

Schwester Ulrika hat weder diesen Wüstenvater noch seine Schriften gekannt, aber sie hat das praktiziert, was Evagrius Ponticus gelehrt hat.

„Schwester Ulrika muss man beten sehen", so hieß es schon unter den Novizinnen. Keine Arbeit konnte sie in ihrer Sammlung stören. Auch die jungen Frauen, die bei ihr das Kochen lernten, bestätigten: „Man sah sie stets mit Gott vereint."

Auf die Frage von Mitschwestern, warum sie immer so gesammelt sein kann, antwortete sie: „Man muss die Läden schließen." Sie hat allerdings ihre „Läden", ihre Augen, nicht geschlossen, um die Not anderer nicht zu sehen oder sich von den Menschen abzuwenden. Stets war sie offen für die Liebe, die sie allen schenken wollte, die ihr begegneten.

Sie pflegte ein Leben lang das mündliche Gebet. Im Kloster wurde sie in das betrachtende Gebet eingeführt. Sicher führte sie ein tief innerliches Gebetsleben; ihr Zug zur Stille, zum Alleinsein, zum Verweilen vor dem Tabernakel oder vor dem Bild der Gottesmutter lassen erkennen, dass sie schon in jungen Jahren in der Art des einfachen beschaulichen Meditierens betete. Ihr Bruder Franz sagt: „Als Kind schon liebte sie die Stille, die Einsamkeit und betete gern."

Für jede Art des Gebetes ist die innere Sammlung und manchmal auch das „Läden schließen" sehr wichtig. Aber es ist selbst für tiefgläubige und fromme Menschen oft sehr schwer, sich genügend zu sammeln. Das gilt vor allem für Menschen, die im öffentlichen Leben stehen. Das moderne Leben hat auch auf sie seine Wirkungen, denen sich nicht einmal Ordensleute entziehen können, besonders wenn sie nicht nur ein beschauliches Leben führen, sondern in der Erziehung, Caritas, Seelsorge oder in anderen Bereichen tätig sind.

Auch Schwester Ulrika musste sich um die Sammlung bemühen. In einer Großküche, so denkt man, ist doch während der Arbeit, die oft Umtrieb bedeutet, kein beschauliches Beten möglich. Und doch war sie auch in der Küche gesammelt, und die jungen Frauen beobachteten, wie sie auch dort betete. Sie vermied bewusst jede unnötige Zerstreuung, jedes unnötige Wort, jede ungeordnete Neugierde, um ganz bei Gott zu sein. Noch einmal sei betont, dass es ihr nicht um einen Rückzug von den Menschen ging, wenn sie die „Läden" schloss, sondern um ungeordnete, unnötige Ablenkung vom Wesentlichen.

Schwester Ulrika lebte in einer Zeit, in der Medien und Reisen noch eine geringe Rolle spielten, in den Klöstern fast keine. Auf uns heutige Menschen flutet eine Welle von Möglichkeiten ein, vom Wesentlichen abgelenkt zu werden. Es liegt aber in unserer Verantwortung, wofür wir uns entscheiden, was für uns wichtig ist, und jedes Gerät hat eine Vorrichtung zum An- und Ausschalten. Aber die Gefahr der Ablenkung und des geistigen Umherschwirrens gab es schon immer, auch zu Zeiten der Schwester Ulrika.

Die heilige Therese von Lisieux kennt das Gebet der Ruhe, dabei wird ihr das Sprechen, das mündliche Gebet, beschwerlich, sie möchte nichts als lieben.

Heute haben viele Menschen in allen Religionen und auch solche, die sich als religionslos bezeichnen, das Bedürfnis, zur Stille zu kommen und auf das Wesentliche zu stoßen. Die Meditationszentren haben großen Zulauf. Menschen suchen und finden dort nicht nur Stille, Oasen des Schweigens, sondern auch Hilfen von Meditationsleitern und -leiterinnen, entsprechende Räume und einen einfachen Lebensstil. Das alles hilft ihnen, einiges mit in den Alltag zu nehmen und weiter zu praktizieren. Wichtig sind dabei nicht zuerst Methoden und Techniken, sondern die Offenheit für das Leben, für Gott, für die Schöpfung, für die Liebe.

Schwester Ulrika war bei ihrem Eintritt ins Kloster keine Anfängerin im Gebetsleben, eher eine Fortgeschrittene. Einer Mitschwester fiel ihre außerordentliche, ehrfurchtsvolle Haltung und Sammlung beim Gebet auf. Sie sah nie, dass sie beim Beten ein Buch benützte, ausgenommen beim Offizium. „Sie kniete regungslos, mit geschlossenen Augen oder den Blick unverwandt auf den Tabernakel gerichtet. Nichts störte da ihre Ruhe in Gott." Das mündliche Gebet, z. B. Rosenkranz und Brevier, fiel ihr schwer; über alles liebte und pflegte sie das betrachtende Gebet. Das Brevier zu beten, war für die Schwestern nicht einfach, da die Texte in Latein geschrieben waren und gebetet wurden, kaum eine Schwester konnte Latein.

In ihren kranken Tagen gefragt, was sie betrachte, sagte sie: die Eigenschaften Gottes. Auf die Frage welche dies seien? sagte sie: „Ich betrachte am liebsten die Einfachheit Gottes." Wenn Schwester Ulrika vom Beten kam, mutete es die Mitschwestern und auch die Lehrtöchter an, als habe sie Gott geschaut.

Schwester Joachim, die mit ihr im Noviziat war, stellte fest: „Ich vermutete bei ihr schon einen Grad der Beschaulichkeit. Ihr Denken war viel reifer als das unsrige."

Schwester Ulrika erkannte früh und gab diese Erkenntnis auch weiter an die, die mit ihr zusammenlebten oder brieflich verbunden waren mit ihr, wie ihre Schwester Luise:

„Ohne Gebet keine Gnade, ohne Gnaden keine Freude und keinen Frieden."

Diese Erkenntnis hat sie nicht durch Nachdenken, auch nicht aus Büchern, sondern durch ihre eigene Erfahrung gewonnen. Früh, schon in ihrer Kindheit, lernte sie die Härte des Lebens kennen. „Aus einem steten Gebet", bezeugt ihr Bruder Franz, „schöpfte sie die Kraft, um das harte Leben zu meistern." Zum Beten musste sie nicht angehalten werden, es drängte sie dazu, mit Gott in Verbindung zu sein und zu bleiben.

Als Schwester Ulrika in eine schwere Krise geriet und an allem Religiösen zweifelte, hielt sie das nicht vom ständigen Beten ab. Obwohl sie nicht mehr diese leidenschaftliche Liebe und Sehnsucht spürte, alles Religiöse als Erfindung der Priester betrachtete, im Knien vor dem Tabernakel nichts mehr fühlte, war sie ganz treu in ihrem Beten. Wahrscheinlich hat sie damit ihre innere Krise überwunden.

Ulrika war ein Kind der Gnade. Und Gnade ist Geschenk. Gott ist von nichts und von niemandem abhängig, wie und wem er seine Gnaden schenkt. Aber wir können offen sein für das Geschenk und mitwirken. Ohne Verbindung mit Gott kann ich sein Geschenk, seine liebende Zuwendung, gar nicht wahrnehmen. Und Gebet meint doch Verbindung mit Gott, Dialog mit ihm, der sich uns zuerst zuwendet, der mit uns in einen liebenden Austausch treten möchte.

Wenn wir so mit Gott verbunden sind, wachsen in uns Freude und Frieden. Jeder Mensch kann so in den Bund mit Gott treten, jeder Mensch erhält bestimmte Gnadengaben.

Mit all ihren kleinen Sorgen des Alltags und der Arbeit kamen die jungen Frauen zu Schwester Ulrika, aber auch in ihren ganz persönlichen Nöten, die man sonst gerne einer Mutter oder einer älteren Schwester vorträgt. Schon damals war sie Fürsprecherin bei Gott, als solche wird sie heute von vielen Menschen angerufen. Und selbst die jungen Menschen, die in der Küche mit ihr arbeiteten, beobachteten: „Schwester Ulrika schloss niemand von ihrem Beten und Opfern aus. Für die Bekehrung der Sünder, für die Armen und Unglücklichen, für die armen Seelen machte sie immer wieder die Meinung bei unserem Zusammenarbeiten."

Es war ein wahrhaft katholisches, das heißt weltumspannendes, apostolisches Beten. Sie betete viel, sehr viel, eigentlich immer.

Erinnern wir uns an die Worte und den Rat, den uns der Apostel Paulus im Ersten Thessalonicherbrief gibt: „Freut euch immerzu! Betet unablässig! Dankt Gott in jeder Lebenslage! Das will Gott von euch als Menschen, die mit Jesus Christus verbunden sind" (1 Thess 5,16–18).

Wie können wir ohne Unterlass beten? Fordert da das Wort Gottes etwas von uns, das wir offensichtlich nicht erfüllen können? Gebet ohne Unterlass gleicht dem Gebet im Geist. Gebet ohne Unterlass ist sicherlich auch ein Wandel im Geist. Wenn wir eins sind mit Jesus, uns ganz öffnen für ihn, dann leben wir in Übereinstimmung mit ihm. Es ist eine innerliche Gewissheit, dass Jesus in uns wohnt und in uns betet.

Katholisches weltumspannendes Beten schließt niemanden aus, ist offen, ist weit und ist wesentlich. Die Lehrtöchter in Baden-Baden, junge, auch damals schon kritische Menschen, waren sehr offen für die Spiritualität, wie sie Schwester Ulrika gelebt hat, weil sie spürten und hautnah erlebten, dass Schwester Ulrikas Religiosität echt war. Nichts war an ihr frömmlerisches Getue. Es ist schon erstaunlich, wie viel Schwester Ulrika mit diesen jungen Menschen gebetet und auch religiöse Lieder gesungen hat. Eine hat es ins Wort gebracht: „Die starke Gottesliebe der Schwester Ulrika riss uns Mädchen einfach mit. Wenn man Schwester Ulrika beten sah, bekam man einen innerlichen Drang, auch zu beten." Eine andere erinnert sich: „Einige Male brachten wir es soweit, dass Schwester Ulrika mit uns spazieren gehen durfte. Wenn wir außerhalb der Stadt waren, konnte sie uns sogar auf dem Spaziergang noch den Vorschlag zum Gebet machen. Schwester Ulrika verstand es gut, andere aufzurichten und das Heimweh zu vertreiben. Sie erinnerte uns an den guten Himmelsvater und an die gute Himmelsmutter." Schwester Ulrika nennt Gott oft Himmelsvater und Maria die Himmelsmutter, diese Bezeichnungen müssen wir verstehen aus ihrer Zeit und aus der Frömmigkeit ihrer Heimat.

Es war ihr ein drängendes Anliegen, die jungen Menschen zu Gott zu führen, und vor allem durch das Gebet mit Ihm in Verbindung zu kommen und zu bleiben. Ihr Vorbild hatte Wirkung, ohne dass sie dies beabsichtigt hätte.

War es nicht auch so bei den Jüngern, als sie Jesus beten sahen!

Der Evangelist Lukas berichtet uns in seinem Evangelium:

„Einmal hatte sich Jesus zum Gebet zurückgezogen. Als er

es beendet hatte, bat ihn einer der Jünger: ‚Herr, sag uns doch, wie wir beten sollen! Johannes hat es seine Jünger auch gelehrt.‘

Jesus antwortete: ‚Das soll euer Gebet sein: Vater! Mach deinen Namen groß in der Welt! Komm und richte deine Herrschaft auf! Gib uns jeden Tag, was wir zum Leben brauchen. Vergib uns unsere Verfehlungen, denn auch wir vergeben allen, die an uns schuldig geworden sind. Und lass uns nicht in die Gefahr kommen, dir untreu zu werden‘ “ (Lk 11,1–4).

Die drei Söhne der Tante Gertrud bezeugen, wie Fränzi mit ihnen gebetet hat. Von Zeugen wissen wir auch, wie sie die Kinder der Familie Morger in Rorschach religiös beeinflusste und beeindruckte, durch ihre kindlich fromme Weise beim Gebet mit Kindern.

Paula Morger, das älteste der Kinder, damals 13 Jahre alt, erinnert sich gerne daran, wie sie Fanny (Franziska) beten und singen hörte: „Da unsere Zimmer sich nebeneinander befanden, merkte ich, dass Franziska abends noch längere Zeit betete und sang. Da bat ich sie um die Erlaubnis, mit ihr zu beten, was sie mir gestattete. Das ist mir unvergesslich geblieben.“

Für Schwester Ulrika war das Gebet von klein auf ein Bedürfnis, nie eine Pflicht.

Was in ihrem Inneren lebte, strahlte sie oft auch nach außen. Die erste Küchenschwester in Baden-Baden erlebte das so: „Während des Gebetes oder wenn Schwester Ulrika vom Gebet kam, konnte ein wunderbarer Glanz auf ihrem Gesicht und strahlendes Leuchten der Augen beobachtet werden.“ Und eine der jüngsten Lehrtöchter meinte: „Schwester Ulrika ist nicht wie die andern, sie ist von Gott begnadet. Wenn ich sie beten sah, dachte ich, so beten nur Heilige.“

Auch ich möchte gesammelt beten können. Einige Impulse, die ich von Schwester Ulrika bekomme, versuche ich jeden Tag neu umzusetzen. Auch ich möchte mich sammeln, in dem ich oft die „Läden", die Augen, schließe, nach Innen schaue, bei Gott sein will, daheim sein, wenn Er kommt. Ich merke, dass ich manchmal mit den Lippen bete, aber mit meinen Gedanken irgendwo ganz anders bin. Dann hole ich mich wieder zurück und bringe die Worte, die ich spreche, und den Inhalt zusammen. Es ist eine Versuchung, alles sehen und hören zu wollen, um die Neugier zu befriedigen, um zu sehen, wer kommt und was so geht. Es gehört eine gewisse Wachheit dazu, um ganz da und bei dem zu sein, was jetzt gerade dran ist oder dran sein soll.

Läden und Fenster möchte ich weit öffnen für die vielfältige Not der Menschen in Nah und Fern, damit der Geist Gottes mir zeigt, wo und wie ich helfen kann.

Der Rat, den Schwester Ulrika hier gibt, immer wieder die „Läden" zu schließen, ist nicht unmöglich, sondern sehr hilfreich.

Fränzi als 4-jähriges Kind in Mittelbiberach-Oberdorf

Fränzis Kommen war erst nicht erwünscht. Ihre Mutter Klothilde hatte eine schwere Zeit vor und nach der Geburt, sie bekam von ihrer Mutter, von Franziskas Großmutter, lange kein gutes Wort.

Franziska wurde am 18. September 1882 vorehelich geboren, es war ein zartes Geschöpflein. Die Mutter musste bald wieder in Stellung gehen, das Kind blieb bei der Großmutter und bei der Patentante Gertrud.

Tante Josefa, die jüngste Tochter, die bei der Geburt des Kindes acht Jahre zählte, teilte die Abneigung ihrer Mutter gegen die älteste Schwester Klothilde und übertrug diese auch in etwa auf deren Kind Franziska. Als Josefa wahrnahm, dass die kleine Fränzi durch ihr Wesen sich die Herzen der Großmutter und Tante eroberte, war sie eifersüchtig. Das bekam Fränzi auch zu spüren, so sagte Josefa später selber aus. Josefa musste auch die Kleine hüten, somit war ihre Freiheit eingeschränkt, das gefiel ihr gar nicht. Franziska war kein Kind der Verheißung, aber ein Kind der Gnade.

Fränzi mit Margerite und blauem Kleidchen

SR. W. LIST

„O meine Liebe,
könnte ich doch lieben,
dass jedes entzündet würde,
das nur ein Wort mit mir spricht,
dass ich ein Glühofen wäre,
um alle zu erwärmen."

Schwester Ulrika

Ich möchte Wärme ausstrahlen

Schwester Ulrika will ein Glühofen sein, um alle zu erwärmen, sie möchte so lieben, dass Feuerfunken von ihr ausgehen, um Feuer zu entfachen bei denen, die mit ihr reden.

Sie hat die wärmende Kraft eines Ofens erfahren: Der Dorfbackofen in Unterstadion, der Herd in den verschiedenen Großküchen und die liebende Wärme im Haus ihrer Großmutter und ihrer Patin Tante Gertrud.

Auch die kleine Therese von Lisieux spricht von einem Glutofen. Sie lebte und wirkte fast zur gleichen Zeit wie Schwester Ulrika und weist manche Ähnlichkeit mit ihrem Leben, Lieben und Sterben auf. Sie sagt zwar nicht, dass sie ein Glutofen sein will, aber sie möchte Anteil haben an Jesu Liebe und diese Liebe ausstrahlen. Sie hat nur noch den einen Wunsch, nämlich Jesus bis zur Verrücktheit zu lieben. Jesus gefällt es, ihr den einzigen Weg zu zeigen, der zu diesem Göttlichen Glutofen führt. So sieht sie darin einen Weg, die Hingabe des kleinen Kindes, das angstlos in den Armen eines Vaters einschläft.

Von Martin Luther stammt das wunderbare Wort: „Gott ist ein glühender Backofen voll Liebe." Welchen schmerzlichen Weg musste er durchmachen, um zu dieser Erkenntnis zu gelangen. Denn seine Hauptfrage war: „Wie bekomme ich einen gnädigen Gott?" Er erlebte sich als unfähig, aus Liebe, nicht Angst, Gottes Forderungen zu erfüllen, so dass er an der verheißenen Vergebung zweifelte. Liebe setzt ihren „Wärmestrom" dem „Kältestrom" in der Welt entgegen, all der Gedankenlosigkeit und Gewalt, der Habgier und dem Egoismus. Liebe kann sehr chaotisch sein und fragt nicht immer nach Regeln und vorgegebenen Ordnungen. Liebe ist stark, die stärkste Energie, die wir kennen. Wenn nämlich der theologische

Satz wahr ist, dass Gott Liebe ist, dann hat er die Welt aus Liebe erschaffen. In dieser Liebe fühlen wir uns geborgen. Einzig aus dieser Quelle schöpft Schwester Ulrika und lässt diese Liebe weiterströmen zu denen, die ihr begegnen.

Wenn Gott „ein glühender Backofen voller Liebe" ist, dann heißt das doch, dass wir von seiner Liebe gar nicht heiß genug denken können. Dann drückt das Bild etwas von seiner Leidenschaft aus, die ansteckend wirkt.

Aus dem brennenden Dornbusch, aus der lodernden Flamme heraus, offenbart Gott seinen Namen Jahwe: „Ich bin der ich bin da"; oder einfach „Ich bin für euch da";

„Ich bin für dich da."

Diese Zusage schenkt uns Leben und Freude am Leben, denn dann haben wir einen, der uns trägt, führt und niemals verlässt.

Viele von uns erinnern sich sicher an die Stube daheim.

Stube bezeichnet vom Ursprung des Wortes her einen warmen Wohnraum, das Wort ist verwandt mit dem englischen „stove" und heißt „Ofen". Die Stube war früher oft der wichtigste Raum in einer Wohnung oder einem Wohnhaus. Insbesondere im Winter war die Stube das einzig heizbare Zimmer und somit der Hauptaufenthaltsort der Bewohner. Je nach Umständen kann die Stube ein eigenständiges Wohnzimmer, eine Wohnküche oder eine Küche sein. Weil es in der Stube warm war, wurden auch Kranke hier untergebracht, für die Kinder war die Stube ein Spielraum. Hier versammelte sich vor allem im Winter die ganze Familie und bekam nicht nur vom Ofen her die Wärme, sondern auch durch ihr Zusammensein.

Der Ofen in moderner Anfertigung wurde neu entdeckt. Der offene Kamin hat die gleiche Wirkung und Ausstrahlung wie der frühere Kachelofen.

Nicht nur junge Leute haben Freude am Lagerfeuer, und immer ist es das Beisammensein um ein Feuer und die wärmende Zusammengehörigkeit.

Alle erwärmen, Liebe verströmen, Liebe ausstrahlen, das wollte Schwester Ulrika, und das ist auch geschehen. Ihre Verehrer/Verehrerinnen sind auf der ganzen Welt verstreut, das heißt: Ihre Spiritualität steckt andere an, die Funken sind weit geflogen und haben sich entzündet, konkrete Formen angenommen.

In Uganda haben sich junge Frauen unserer Kongregation angeschlossen, sie bilden ein sogenanntes Vikariat, und die Zahl der Schwestern nimmt zu. Eine andere Gruppe in Uganda bildet eine neue Gemeinschaft, lebt die Spiritualität der Schwester Ulrika in Demut, Einfachheit und Gebet. Auch sie sind kirchlich anerkannt als „Bräute des Lammes", jede Schwester trägt zu ihrem Ordensnamen den Namen Ulrika.

In Brasilien haben sich Männer und Frauen zu einem Säkularinstitut zusammengefunden unter dem Namen „Fraternidade Caminho do Discipulado".

So wurde auf einfache Art und Weise die „Familie des säkularen religiösen Lebens" durch das Beispiel und die Spiritualität der seligen Ulrika geboren.

Die warme unaufdringliche Ausstrahlung, die von Schwester Ulrika ausging, blieb also nicht ohne Wirkung. Sie fand Erwiderung in feiner zarter Liebe.

Mich haben vor allem drei Personen, auf die Schwester Ulrika als Fränzi oder Fanny Eindruck machte, und ihre zärtliche Liebe zu ihr angerührt:

Ein junger Mann aus Mittelbiberach, der auf Franziska ein Auge hatte, kam immer wieder in den „Grünen Baum", um ein

Bier zu trinken. Im „Grünen Baum", bei der Familie von Tante Gertrud, half Franziska auch beim Bedienen der Gäste.

Dieser junge Mann, Johannes Stern, erinnert sich: „Schon als Bub kam ich öfters in den ‚Grünen Baum', um für den Vater Bier zu holen; nach meiner Schulentlassung habe ich selbst ab und zu ein Glas Bier im ‚Grünen Baum' getrunken. Dabei kam es vor, dass auch Fränzi mir das Bier hingestellt hat. Sie war freundlich und heiter, ließ sich aber auf längere Unterhaltung nicht ein. Wir spürten, sie war anders wie andere Mädchen; wir junge Leute hatten alle Achtung, Ehrfurcht – oder wie ich sagen soll – vor ihr, ich weiß nicht, wie ich mich ausdrücken soll. Wenn ich sie anschaute, war es mir, als wenn ich den Schutzengel anschaute." Es gab noch zwei Begegnungen, an die sich Johannes Stern gerne erinnerte, wobei er dann von Tante Gertrud erfuhr, dass Fränzi ins Kloster geht. Von da an war kein Kontakt mehr da, aber ich denke, dass er diese Entscheidung schon lange ahnte.

Die zweite Person, die voll zärtlicher Liebe an Fanny hing, war der kleine Robert in der Familie Morger in Rorschach. Wenn Frau Morger ihr am Sonntag freigeben wollte, sagte sie: „Ich möchte gerne bei den Kindern bleiben." Paula, die Älteste, erinnert sich: „Wir spielten am Sonntagnachmittag mit ihr Gesellschaftsspiele (Blumenquartett, Kleine Reise durch die Schweiz u. a.) Sie hatte dabei den Kleinsten auf dem Schoß, wir andere waren um den Tisch herum, und sie war froh und glücklich wie ein Kind, wenn sie mit uns Kindern spielte." Und Frau Morger, die Mutter der vier Kinder, erzählt: „Unser Robert hing ganz besonders an ihr. Als sie fortgegangen war, weinte er am Abend fassungslos und wollte sich nicht trösten lassen. Als ich ihn fragte, warum er so weine, sagte er: ‚Weil die Fanny fort ist'."

Auch eine Kochlehrtochter, Eugenia Jäkle, hat mich mit ihren Aussagen berührt. Sie war erst 17 Jahre alt, die jüngste dieser Kochlehrgruppe, hatte großes Heimweh und fühlte sich in diesem neuen Kreis einfach noch unsicher. Sie spürte, wie Schwester Ulrika das merkte und sich unauffällig ihrer annahm. Unauffällig vielleicht für die anderen, nicht aber für Eugenia. Schon an anderer Stelle erwähnte ich die Zuneigung der Eugenia zu Schwester Ulrika und das große Vertrauen, das sie ihr schenkte. Ich wiederhole noch einmal diese Aussage: „Ich fühlte mich bei ihr einfach geborgen und glücklich. Ich liebte Schwester Ulrika mehr als meine eigene Mutter, denn sie verstand meine kindliche Seele."

Was macht Menschen froh, wann sind Kinder glücklich?

Kinder sagen: Wenn jemand bei uns ist, haben wir keine Angst. Auch wir Erwachsene können in der Nähe mancher Menschen aufleben, uns erwärmen. Es gibt Menschen, die strahlen Wärme aus und andere wirken wie Kühlschränke, es wird uns dabei warm oder kalt. Um das Feuer zu erhalten, um ein Glühofen zu werden und zu bleiben, muss immer wieder geheizt, für Nachschub gesorgt werden. Dabei genügt oft ein Tropfen Öl, um Wärme auszustrahlen. Wir können uns immer neu entzünden am göttlichen Glutofen, wie Therese von Lisieux es ausdrückt.

Auch Jesus war ein Mensch, dessen Nähe gesucht wurde und den man berühren wollte, weil von ihm etwas ausging, das heilend und wärmend war, das Geborgenheit, Aufgehobensein schenkte. Der Evangelist Lukas berichtet: „Alle Leute versuchten, ihn zu berühren, denn es ging eine Kraft von ihm aus, die alle heilte" (Lk 6,17–19).

Und im Markusevangelium lesen wir: „In aller Frühe, als es noch dunkel war, stand Jesus auf und ging an einen einsamen Ort, um zu beten. Simon und seine Begleiter eilten ihm nach und als sie ihn fanden, sagten sie zu ihm: Alle suchen dich“ (Mk 1,35).

Nach außen strahlte, was in Schwester Ulrika lebendig brannte, die Liebe Gottes. In viel Stoff und gesteifte Schleierwäsche eingehüllt, strahlte das Gesicht aus, was in ihr lebte und liebte.

Das Bild von Schwester Ulrika in ihrer Ordenstracht kommt mir vor wie ein Schatzkästlein: hinter dem vielen schwarzen Stoff und dem eingezwängten Kopf verbirgt sich ein großer Schatz. Eine Ahnung davon zeigt ihr Gesicht: Ihr Lächeln, ihre Augen, ihre ruhigen ausgeglichenen Gesichtszüge haben viele Menschen angesprochen und oft ermutigt und gestärkt, ohne Worte. Dieses Gesicht lädt ein, tiefer in dieses Schatzkästlein zu schauen und Schätze zu finden. Ihr Name Ulrika sagt ja „die an Erbgut Reiche“. Diesen Reichtum müssen wir entdecken, um sie zu verstehen.

Dieser Blick, diese Augen, sind allen aufgefallen, die ihr begegneten.

„Immer leuchteten ihre Augen, in gar nichts war sie übertrieben.“

„ Ihr Gesichtsausdruck zeigte, dass die Liebe und Güte in ihrem Herzen wohnte, dass sie nur Gott gefallen wollte, dass sie ganz auf Gott gerichtet und mit Gott verbunden war.“

Aus dieser schwarzen Hülle, in der das Geheimnis lebt, werden nur Hände und Gesicht sichtbar: Hände, die arbeiten, die Gutes tun, das Gesicht, das lächelt, das Verstehen zeigt, das Liebe ausstrahlt, Liebe, die im Innern brennt.

Unter dieser schwarzen Hülle lebt eine Sehnsucht, die in ihrem Herzen brannte: die Sehnsucht nach Vereinigung.

Und in dieser Hülle schlägt ein Herz, das ganz erfüllt ist von der Liebe Gottes, die sich im Gesicht und in den Händen umsetzt in der Liebe zu den Menschen.

Sie hat dem Evangelium ein Gesicht gegeben.

Das Gesicht, das Lächeln, die Augen. Wer schaut uns durch dieses Gesicht an?

Viele Beispiele der Kochlehrtöchter und der Mitschwestern geben Zeugnis davon, wie Schwester Ulrikas Leben Wirkung gezeigt hat.

Wegen ihrer aufrichtigen Herzensgüte besaß Schwester Ulrika das ganze Vertrauen der jungen Mädchen. Mit all ihren Kümmernissen kamen sie zu ihr.

„Mir kam es vor, als habe sie Ehrfurcht gehabt vor jedem. Und ein liebes Lächeln lag stets auf ihrem Angesicht."

„Das hatte zur Folge, dass sie von innen heraus ‚etwas Geadeltes' hatte und nicht linkisch wirkte."

Eines der intelligentesten Mädchen behauptet: „Ich habe nie etwas an ihr gesehen, was nicht zu einer Heiligen passen würde."

„Wir waren für sie begeistert, weil sie so vorbildlich und so tugendhaft war, wie wir es bei keiner andern Schwester so beharrlich gesehen haben."

„Ihre Augen, wenn sie solche nicht geschlossen hielt, leuchteten vor innerer Ergriffenheit."

Schwester Michaela hat von sich aus nicht viel über Schwester Ulrika erzählt, nur so nebenbei. Da hat sie z. B. so nebenbei gesagt: „Gestern Abend war wieder einmal ein Wohlgeruch da oben, dass man es nicht beschreiben kann."

Wiederholt konnten einzelne Mitschwestern einen wohlriechenden Duft feststellen, der von Schwester Ulrika ausströmte und der mit keinem irdischen Wohlduft wie etwa Duft von Blumen, Parfüm oder Weihrauch zu vergleichen war.

Auch ich möchte Wärme ausstrahlen. Wie weit bin ich davon entfernt, so kann ich nur beten für mich und viele andere:

Komm, Heiliger Geist,
erfülle uns mit Deiner Gnade und Deiner Kraft,
sende uns Dein Licht und Deine Wahrheit,
mache hell unsere Wege,
damit wir erkennen, was Du von uns verlangst;
komme mit Feuerzungen und Sturmesbrausen
und mache unsere Köpfe klar und unsere Herzen weit und warm;
entfache in uns das Feuer Deiner göttlichen Liebe,
und hilf uns, diese Liebe,
diese Wärme auszustrahlen zu den Menschen!
Amen.

Fränzi als 10-jähriges Kind in Unterstadion mit Brotkorb beim Austeilen des Brotes

Vom 1.–5. Schuljahr war Franziska bei ihren Eltern und Geschwistern und in der Schule in Unterstadion. Eine Mitschülerin erinnerte sich später: „Fränzi war groß, schlank, hatte blonde Zöpfe und Sommersprossen, ein schönes, gesundes Mädchen."

Die Familie Nisch war die ärmste in Unterstadion, doch hörte man sie nie klagen.

Zur Zeit der Ernte gingen Mutter und Kinder auf die Felder, um Ähren zu lesen. Fränzi war auch dabei. Bei allen Arbeiten, die anfielen, mussten Mutter und die Kinder mithelfen. Da der Vater den Dorfbackofen betrieb, hieß das auch, Holz sammeln und das gebackene Brot austragen.

„Die Familie Nisch waren arme Leute, aber immer war es sauber bei ihnen", so bezeugen es die Nachbarn. „Die Kinder Nisch kamen immer sauber daher; man brauchte nur die Fränzi anschauen: Geflickt, aber alles in Ordnung."

Fränzi bekam bei den Schulkindern den Namen „die fromme Fränzi", oder die Buben nannten sie wegen ihrer blonden Haare „Schimmele".

Mit zwölf Jahren kam Fränzi wieder nach Oberdorf zu Tante Gertrud, die inzwischen im „Grünen Baum" verheiratet war. Hauptgrund der Rückkehr war die Armut in Unterstadion, so war doch wieder ein Kind weniger am Tisch.

SR. W. LIST
2013

„Oh, welch selige Augenblicke
und welche Sehnsucht
und welches Verlangen und Heimweh
habe ich wirklich.
Ich möchte nur immer ganz
vereinigt sein."

Schwester Ulrika

Ich möchte ganz sein

Die Bitte um das Ganz-Sein, um die Vereinigung, bildet den Höhepunkt dieses Buches. Was die Tugenden angeht, können wir bei Schwester Ulrika Vieles hervorheben, an die erste Stelle setzen, und das ist vor allem ihre Demut und Einfachheit.

Mich fasziniert vor allem anderen ihre leidenschaftliche Sehnsucht, ihre Sehnsucht nach Liebe, nach dem Geliebten, nach der Vereinigung mit Ihm, nach dem Eins-Sein, nach dem Ganz-Sein.

Schwester Ulrika wünscht sich dieses Eins-Sein, die Vereinigung mit dem Geliebten, mit Jesus. Dieser Wunsch entspringt der Erfahrung dessen, was sich in ihrem Inneren abspielte. Und in diesem Spiel ist sie nicht Zuschauerin, sondern Mitspielerin.

Sie erlebt die Begegnungen mit Jesus so beglückend und erfüllend, dass sie am liebsten sterben möchte. Einmal drückt sie das so aus: „Oh, ich möchte jeden Augenblick sterben, um ganz und gar mit ihnen (Jesus und Maria) vereinigt zu sein. Diese Schönheit kann niemand begreifen."

Schwester Ulrika hatte eine große Liebe zu den Heiligen, vor allem zu heiligen Frauen; es war ihr eine Wonne, in einer solchen Gesellschaft zu leben.

Eine große und tiefe Verehrung hatte sie gegenüber dem Ordensvater Franz von Assisi. Sie sah ihn mehrmals und ihre sehnsüchtige Bitte war: „Oh, hätte ich doch seraphische Liebe eines heiligen Franziskus." Sie freute sich jedes Jahr sehr auf den Festtag des heiligen Franziskus. An seinem Fest, schon am Abend und schon lange zuvor, war sie überglücklich, wenn sie an den Tag dachte. Schließlich war Franziskus der Patron ihres Taufnamens. Mit ihm aber verband sie die Kreuzesliebe, die

Haltung der Armut und Demut, die Liebe zu den Armen und die leidenschaftliche Liebe zu Jesus.

Wenn Schwester Ulrika schreibt: „Oh welche Sehnsucht und welches Heimweh habe ich wirklich", so wissen wir auch von anderen Mystikern, dass das Wesen einer solchen Liebe Aufbruch aus der Einsamkeit, Heimkehr in die göttliche Ganzheit ist. Wenn wir von Mystik sprechen, geht es um das Eins-Werden mit Gott und um die Erfahrung und Wahrnehmung, dass Gott schon in uns ist. Ich halte Schwester Ulrika für eine Mystikerin. Im Innersten der Seele, auf dem Seelengrund, in der inneren Zelle, da wohnt Gott. Manche Menschen ahnen das und suchen auch den Zugang. Vieles aber, was uns Tag für Tag umgibt, was uns beeinflusst und ablenkt, versperrt oder erstickt diese ursprüngliche Erfahrung oder macht sie einfach vergessen.

Es geht letzten Endes um die Liebe, sie ist eine erneuerbare Energie, denn in dem ich sie verschenke, vermehrt sie sich immer neu. Und dieses Verschenken holt mich aus der Isolierung und Vereinsamung heraus und macht mich glücklich und zufrieden.

Der Wunsch, ganz zu sein, beinhaltet das Bedürfnis nach einem unzerstückten Leben.

Das Ganz-Sein, Unzerstückt-Sein bedeutet auch Heil-Sein. Und Jesus nennen wir manchmal Heiland, er ist es, der uns Heil bringt, uns heil machen kann.

Ganz wird doch der Mensch, wenn er nicht zersplittert, zerrissen ist in Gegensätze, wenn er vor Gott alles in eine Einheit bringt, wenn er einfach wird. „Der einfache Mensch ist also der, der ganz ist, der alles, was in ihm ist, in die eine Ausrichtung auf Gott hin integriert", sagt Anselm Grün[3]. Hier findet die Sehnsucht der Schwester Ulrika nach dem Einssein mit Gott, nach der Vereinigung mit Ihm, ihren Ausdruck.

Die Einfachheit des inneren Menschen wirkt sich im Äußeren, im ganzen Verhalten, in der Kleidung und im Reden aus. So beobachteten die Lehrtöchter: „Schwester Ulrika war einfach. Wir Mädchen hatten das Gespür, dass sie recht handle und nicht nach Gefallen rede. Darum hatten wir so großes Vertrauen zu ihr. Ihr war es zuwider, sich einen gewissen Schein von Tugend umzuhängen."

Die wahre Einfachheit ist der Gegensatz zur Zerstreutheit, die sich im Vielerlei des Lebens verliert. Deshalb rät sie ja auch den Mitschwestern auf ihre Frage, weshalb sie beim Gebet immer so gesammelt sein kann:

„Man muss die Läden schließen." Und weiter empfiehlt sie:

„Vor allem müssen wir um eine große Erkenntnis bitten. Und diese erlangen wir am schnellsten durch Bewachung unserer selbst, unserer Gedanken, Worte und Handlungen. Verrichten wir sie in Gottes Gegenwart und zu seiner Ehre. Dieses verlangt Anstrengung und diese Anstrengung wird allmählich übergehen in eine Fertigkeit und Gewohnheit und es wird uns leicht und angenehm werden, immer an Gott zu denken und gesammelt zu sein. Wir erwecken Akte, ohne es zu wollen, der Geist ist mit Gott vereinigt und die Arbeit ist geheiligt durch den Verkehr mit Gott. So steigen wir von Stufe zu Stufe und unser größter Trost wird es sein, für Gott und Seine Ehre zu leiden."

Der Weg zum Vater war für Schwester Ulrika der Gottmensch Jesus Christus. Mit ihm stand sie in innigstem bräutlichem Verhältnis. Ihn verehrt sie in allen Geheimnissen der Erlösung, besonders als die gekreuzigte Liebe und das Göttliche Herz Jesu. Im Mittelpunkt ihrer Frömmigkeit standen darum die Heilige Messe und der Tabernakel, die Feier der Eucharistie und die Anbetung. Schwester Michaela sprach oft von der Sehnsucht der Schwester Ulrika.

Ihre innige Vereinigung mit Gott spiegelte sich auch in ihrer Haltung beim Beten wieder. Ihr Herz brannte vor Heilandsliebe. Sie sagte einmal zu Schwester Michaela, sie wundere sich, dass ihr Herz noch nicht zersprungen sei. Sie solle einmal fühlen und sich überzeugen, wie ihr Herz hämmere. Schwester Ulrika erlebte unbefangen, ohne jeden Hintergedanken, wie ihr Geliebter, so nennt sie Jesus oft, sie umarmt und liebkost. Einmal berichtet sie, dass sie auf seinem Schoß sitzen durfte. Das schönste Erleben war aber vielleicht, dass sie sich oft an die Brust und an das Herz Jesu anschmiegen durfte. Gibt es denn so etwas? Wir kennen Äußerungen über solche innigen Erfahrungen aus der Liebes- und Brautmystik, aus den Erlebnissen großer Liebender. Einmal schreibt sie in ihren Aufzeichnungen: „Heute kam er zu mir, indem er mir sein Herz ganz offen zeigte. Er liebkoste mich und liebte mich, und wir unterhielten uns."

In ihrem Notizbüchlein steht im Februar 1911: „Heute zieht mich mein Geliebter mehr an sich und gibt mir Tröstungen und erscheint mir wundervoll als Bräutigam." Ein paar Tage später: „Heute sah ich meinen Geliebten schön weiß, und so freundlich ist er immer. Ich schmiege mich immer fester an ihn und umarme ihn. Das Zimmer meines Herzens ist heute himmelblau und sehr schön."

Schwester Michaela, die ja das Zimmer mit ihr teilte, hörte Schwester Ulrika einmal in der Nacht dreimal „Jesus" rufen. Sie meinte: „Dies war ein ganz übernatürliches Rufen, wie ich Ähnliches noch nie gehört habe. Es war ein Sehnsuchtsschrei nach Gott. Ich wurde innerlich so davon gepackt und wollte sie am andern Tag fragen, was sie denn gehabt habe." Schwester Ulrika erschrak darüber sehr und bat Schwester Michaela, nicht davon zu reden.

Auch Schwester Mericia, die manche religiöse Gespräche mit ihr führte, sagt aus: „Sie hat mit einer heiligen Schüchternheit alles zu verbergen gesucht, was in etwa ihr Liebesleben mit Jesus verraten hätte. Ich sprach darum nie mit ihr darüber, auch ließ ich sie nie merken, dass sie mir unbewusst Einblick in ihre Innenwelt gegeben hat."

Schwester Michaela berichtet auch, dass Schwester Ulrika mit dem Heiland Verlobung gefeiert habe und zwar kurz vor Beginn der schweren seelischen Prüfungen. Er habe ihr einen Ring angesteckt, den sie auch in der Folgezeit an ihrem Finger gesehen habe. Und dazu sagte sie: „Was kann ich mehr haben, als den schönsten und reichsten Bräutigam, der die ganze Welt besitzt? Ich bin arm und doch habe ich alles. O Leben, o Reichtum."

Einen Einblick in ihr inneres Erleben hätten wir nie bekommen, wenn Schwester Ulrika nicht vom Franziskanerpater Hermann Nelz den Auftrag bekommen hätte, ihre inneren Erfahrungen niederzuschreiben. Von sich aus hätte sie das nie getan. Aber in Pater Hermann fand sie einen spirituellen Begleiter, der sie und ihren Weg verstanden hat und bewandert war in mystischen Erfahrungen.

Kurz nach der mystischen Hochzeit mit Jesus schreibt Schwester Ulrika am 12. September 1910: „Heute war es mir, als müsste ich vergehen vor Liebe. Und ich kann sagen: ‚Ich bin krank vor Liebe.' Ein furchtbares Verlangen quält mich. Und als er dann nach der heiligen Kommunion bei mir war, nahm er mich auf den Schoß und tröstete und ermutigte mich wieder." Schwester Ulrika war stets mit ihrem Geliebten verbunden: Einmal schreibt sie: „Manchmal kann ich während der Arbeit mit ihm so beschäftigt sein, dass ich kaum etwas von der Umgebung merke und manchmal unter dem größten Lärm das größte Verlangen und Sehnsucht habe, so dass ich in Tränen zerfließen möchte." Etwas später: „O meine Liebe, gib mir Liebe. Mein einziges Gut, meine Wonne. Jede Bewegung, jeder Pulsschlag soll als ein feuriger Liebesakt zu dir emporsteigen." Dann wieder: „Ich möchte nur immer für mich und für andere Liebe, immer Liebe. Oh, könnte ich mich verzehren in der reinen Liebe meines Geliebten."

Manchen Menschen ist es sehr peinlich, wenn sie von diesen Aufzeichnungen ihrer inneren Bilder und Erfahrungen hören oder sie selber lesen. Es kann auch sein, dass in diesem Zusammenhang die Frage entsteht: War Jesus nur ein Ersatz für einen männlichen Partner, oder waren es Phantasievorstellungen für eine fehlende menschliche Liebe?

Dagegen spricht die Tatsache, dass sie vor dem Einritt ins Kloster genug Möglichkeiten gehabt hätte, eine solche Partnerschaft einzugehen.

Karl Metzger, Sohn von Tante Gertrud, sagt: „Sie hätte viele Verehrer haben können, wollte aber von keinem etwas wissen. Franziska wusste, was sie wollte, und darum gefährdete sie ihr Ziel nicht durch Spielen und Tändeln."

Weiter sagte er: „Obwohl es erwiesen ist, dass sie Verehrer hatte, die ihretwegen die Wirtschaft zum Grünen Baum aufsuchten, stand sie dem Mann in wahrhaft jungfräulicher Freiheit gegenüber."

Dass Franziska auf junge Männer wirklich Eindruck machte, bezeugt Tante Gertrud und eben ihr Vetter Karl Metzger. Tante Gertrud sagte einmal: „Franziska bräuchte nicht ins Kloster zu gehen, sie hätte genug Chancen in der Welt gehabt."

Tante Josefa meinte: „Da Franziska die Welt und das, was sie ihr bieten konnte, kennen gelernt hatte, ist ihre Berufsentscheidung als bewusste und freie Tat umso so höher zu bewerten."

Ja, sie hatte nicht nur Chancen, sie hatte auch vor dem Klostereintritt die Welt erlebt mit manchen Schönheiten und vielen Mühsalen und Beschwerden. Früh schon lernte sie die Härte des Lebens kennen, in ihrer Kindheit und später an verschiedenen Dienststellen. Aber das war es wohl nicht, was sie abgeschreckt hatte von einem Leben in der Welt, in einer Familie und Partnerschaft. Sie hatte stets einen Überblick und konnte gut planen und organisieren, sie hätte gut einen Haushalt führen können. Auch hätte sie Liebe gehabt für einen Mann und wäre eine gute Mutter geworden, sie liebte die Kinder sehr und hat sie auch klug geführt. Aber diese Liebe hatte sie längst einem anderen geschenkt. Dadurch wurde sie frei für eine Liebe gegenüber allen, denen sie begegnete und die sie bis heute als Fürsprecherin bei Gott anrufen und verehren.

Ihr Weg war schon früh gezeichnet von einer großen Gottesliebe, und diesen Weg ist sie konsequent gegangen. Sie wusste schon sehr früh, für wen sie lebte, wohin sie gehörte, wer ihre große Liebe ist, wem sie sich ganz hingeben, mit wem sie ganz eins sein wollte. Es gab keine Alternative zu dieser Lebensform, für die sie sich entscheiden wollte, für die sie berufen war. Ihr Glück auf diesem Weg drückt sie einmal mit folgenden Worten aus: „Was meine Person betrifft, bin ich gesund und glücklich in meinem schönen Berufe und ich möchte mit der ganzen Welt nicht tauschen."

Schwester Ulrikas Geschichte ist eine Liebesgeschichte. Und Vorbild jeder menschlichen Liebe ist die Gottesliebe: Die Geschichte Gottes mit den Menschen, wie sie für uns in der Bibel aufgezeichnet ist, ist eine Liebesgeschichte. Wie Gott sich mit Liebe kümmert um die Menschen, zeigen einige Beispiele.

Im Buch Hosea, 11. Kapitel, lesen wir, wie Gott Israel liebte, als es noch jung war, und wie er Israel gehen lehrte und für es da war wie Eltern, die den Säugling an die Wange halten und zu essen geben.

Und im Buch Jesaja, im Kapitel 66, Vers 13 wird Gott als Mutter dargestellt:

„Ich werde euch trösten, wie eine Mutter tröstet."

Im Neuen Testament erzählt der Evangelist Lukas: „Jerusalem, Jerusalem, das du die Propheten tötest und die steinigst, die zu dir gesandt sind! Wie oft habe ich deine Kinder sammeln wollen, wie eine Henne ihre Küchlein unter ihre Flügel sammelt, doch ihr habt nicht gewollt."

Im gleichen Evangelium Kapitel 15 zeigt uns Jesus selber seinen und unseren Vater als der Barmherzige, der dem Verlorenen nachgeht.

Diese Liebe Gottes ist bei Schwester Ulrika angekommen, auf bereiten Boden gefallen und konnte reifen und Frucht bringen.

Die Liebe der Schwester Ulrika und ihre große Sehnsucht nach dem Geliebten erinnert sehr stark an das „Hohelied", das „Lied der Lieder" aus dem Ersten bzw. Alten Testament. In diesem Buch besingen die Liebeslieder das Glück, die Sehnsucht und die Liebesgemeinschaft eines jungen Mannes und einer jungen Frau, ihre Liebeserlebnisse und die Freude, beieinander zu sein. Es geht hier allein um Liebe um der Liebe willen, es geht um das Suchen und Finden, das Sehnen und gegenseitige Lobpreisen zweier Liebender.

Peinlich ist es auch hier manchen Bibellesern, dass das „Hohelied" in den Kanon der Heiligen Schrift aufgenommen wurde, da ja von Gott nicht die Rede ist. Es handelt sich um eine Liebesgeschichte, eine Liebe zwischen Mann und Frau. Aber wie schon dargestellt, ist die Geschichte Gottes mit den Menschen eine Liebesgeschichte und jede menschliche Liebe ist Abbild der Liebe Gottes.

Der Mensch liebt, weil und wie Gott liebt. Gott liebt zuerst und erweckt in uns diese Liebe, diese Sehnsucht nach Liebe.

Wie die Braut im Hohenlied äußert sich auch Schwester Ulrika, wenn sie sagt: „Ich bin krank vor Liebe."

Und wie die Braut des Nachts aufsteht und ihren Geliebten sucht, hält es auch Schwester Ulrika eines nachts im Bett nicht mehr aus vor Sehnsucht nach der Vereinigung. Die Liebe fürchtet sich nicht vor der Nacht, nicht vor Wächtern, die in der Nacht unterwegs sind oder vor den Wächtern am Grabe Jesu. Da sehen wir Maria von Magdala, wie sie zum Grab eilt und Jesus sucht. So sehen wir Maria, wie sie ins Gebirge eilt, um ihr Glück mit ihrer Verwandten Elisabeth zu teilen. Die Liebe lässt sich nicht aufhalten und nicht erschrecken.

So singen wir mit Schwester Ulrika, mit Maria von Magdala, mit der Braut im Hohen Lied und mit Maria, der Mutter Jesu:

„Aufgebrochen bin ich, dich zu suchen, den meine Seele liebt. Mit glühendem Herzen verlangt mich, dich meinen Herrn zu sehn. Ich suche dich, ich suche dich, du selbst bist's, der mich findet."

Und die Liebe führt in die Einheit, in die Vereinigung, nach der sich Schwester Ulrika so sehr sehnte. Jesus bittet im Hohepriesterlichen Gebet um diese Einheit mit Gott, dem Vater: „Ich lebe in ihnen und du lebst in mir; so sollen auch sie vollkommen eins sein, damit die Welt erkennt, dass du mich gesandt hast und dass du sie, die zu mir gehören, ebenso liebst wie mich" (Joh 17,23).

Die Bitte Jesu im Johannesevangelium wurde vor allem in der Mystik aufgegriffen.

Immer ganz vereinigt, ganz eins sein, ganz sein, das ist der sehnlichste Wunsch unserer seligen Schwester Ulrika. Jesus ist ihr Ein und Alles. Er erfüllt ihre Sehnsucht nach Ganzheit.

Auch ich möchte ganz sein.

Meine Sehnsucht, mein Suchen und Ausschau halten, finde ich ausgedrückt im Psalm 63, der einer meiner Lieblingspsalmen ist:

„Gott! Du bist mein Gott, dich suche ich! Ich sehne mich nach dir mit Leib und Seele; ich dürste nach dir wie ausgedörrtes, wasserloses Land.

Im Heiligtum schaue ich nach dir aus, um deine Macht und Herrlichkeit zu sehen.

Deine Liebe bedeutet mir mehr als das Leben, darum will ich dich preisen.

Mein Leben lang will ich dir danken und dir meine Hände im Gebet entgegenstrecken.

Du machst mich satt und glücklich wie bei einem Festmahl; mit jubelnden Lippen preise ich dich.

In nächtlichen Stunden, auf meinem Bett, gehen meine Gedanken zu dir und betend sinne ich über dich nach.

Ja, du hast mir geholfen, im Schutz deiner Flügel kann ich vor Freude singen.

Ich halte mich ganz eng an dich, und du stützt mich mit deiner mächtigen Hand."

Sehnsucht

„Nachts liege ich auf dem Bett und kann nicht schlafen. Ich sehne mich nach ihm und suche ihn, doch nirgends kann mein Herz den Liebsten finden.

Ich seh mich aufstehn und die Stadt durcheilen, durch Gassen streifen, über leere Plätze – ich sehne mich nach ihm und suche ihn, doch nirgends kann ich meinen Liebsten finden.

Die Wache greift mich auf bei ihrem Rundgang. ‚Wo ist denn mein Liebster, habt ihr ihn gesehen?'

Nur ein paar Schritte weiter find ich ihn. Ich halt ihn fest und lass ihn nicht mehr los; ich nehm ihn mit nach Hause in die Kammer, wo meine Mutter mich geboren hat.

Ihr Mädchen von Jerusalem, lasst uns allein! Denkt an die scheuen Rehe und Gazellen: Wir lieben uns, schreckt uns nicht auf!" (Hld 3,1–5).

SR. W. LIGT
2013

„Ich bin des Vaters teuerstes Kind.“

Schwester Ulrika

Ich möchte Gottes Kind sein

Schwester Ulrika / Franziska wuchs in den ersten sechs Jahren bei ihrer Großmutter und ihrer Patentante auf. Hier fühlte sie sich auch daheim. Als sie als schulpflichtiges Kind zu den Eltern und Geschwistern nach Unterstadion ziehen musste, vermisste sie die warme Zuneigung der Großmutter und der Tante Gertrud. Bei ihren Eltern erfuhr sie hautnah, was Armut heißt. Die Erziehung durch den Vater Ulrich war sehr streng. Ihr Bruder Franz beobachtete: „Franziska hing sehr an ihren Eltern, besonders an der Mutter; aber auch am Vater, unter dessen Strenge sie mehr litt als die übrigen Geschwister, sie schenkte ihnen eine aufrechte, kindliche Liebe.“ Diese Erfahrung mit den eigenen Eltern hat ihrem Verhältnis zu Gott-Vater wohl nicht geschadet. Sie hat in den ersten prägenden Jahren, in denen der Mensch ein Urvertrauen aufbauen kann, Bezugspersonen erlebt, die durch ihre Verlässlichkeit und liebende Zuneigung halfen, die Liebe zu den Menschen und zu Gott grundzulegen. Auch ihre Großmutter, die anfangs mehrmals den Wunsch äußerte „Wenn der Herrgott doch das Kind wieder holen würde“, hat Fränzi bald ins Herz geschlossen. Nein, der Herrgott hat diesen Menschen noch nicht geholt, im Gegenteil. Er hat ihm aber einen besonderen Schutz mitgegeben, den Schutzengel.

Zu den wirkmächtigsten Bildern in der Bibel gehört das Vaterbild Gottes. Oft wird diese Wirkmächtigkeit beeinträchtigt durch die fehlende oder gescheiterte Vater-Erfahrung im Kindesalter. Aber in jedem Menschen sitzt tief im Innern eine Sehnsucht nach dem Väterlichen. Und zum andern tritt das Väterliche in der Bibel nicht einseitig männlich auf, das Mütterliche schwingt mit.

Immer wenn wir vom barmherzigen Gott sprechen, scheint auch das Mütterliche auf, denn Barmherzigkeit heißt von der Wurzel des Wortes her „Mutterschoß". Für den Israeliten hat also der Vatergott mütterliche Züge, die für eine echte Gottesbeziehung des Menschen so bedeutsam sind.

Auf diesem Hintergrund hat Schwester Ulrika zuerst und zutiefst den Vatergott durch weibliche, mütterliche Bezugspersonen kennen und lieben gelernt und barmherzige Liebe erfahren.

In ihren Aufzeichnungen nennt sie sich an einer Stelle „Kind des Vaters, Schwester des Sohnes, Braut des heiligen Geistes", und anderswo: „Ich verbleibe deine innigstgeliebte, aufrichtige, einfältige Braut und dem Vater sein teuerstes Kind." Schwester Ulrika äußert sich hier so, als wenn sie der einzige von Gott geliebte Mensch wäre, teuer erkauft, erworben. Ja, so liebt Gott den Menschen; jeder Mensch darf sich so geliebt wissen, als wäre er einzig. Das ist ein großes Geschenk. Schwester Ulrika erfasste es, was es heißt, Gottes Kind zu sein. Denn Gotteskindschaft ist das Größte, Erhabenste und Wunderbarste, was vom Menschen gesagt werden kann.

Im 1. Johannesbrief lesen wir: „Seht wie groß die Liebe ist, die der Vater uns geschenkt hat: Wir heißen Kinder Gottes und wir sind es" (1 Joh 3,1).

Und Ulrika heißt „die an Erbgut Reiche". Nicht der materielle Reichtum ist es, der ihr mitgegeben wurde, sondern der innere Reichtum.

Kindsein, Kleinsein heißt, nicht die Tugenden, die man übt, sich selber zuzuschreiben, nicht sich selber zu irgend etwas fähig zu halten, sondern anzuerkennen, dass der liebende Gott diesen Schatz in die Hand eines kleinen Kindes legt, damit es ihn benützt, wenn es ihn braucht.

Eine der Kronzeuginnen der Gotteskindschaft ist die heilige Therese von Lisieux, die – wie schon erwähnt – in vielem Ähnlichkeit mit Schwester Ulrika aufweist.

Wenn Schwester Ulrika immer wieder vom Wunsch, fliegen zu können, spricht, wünscht sich die kleine Therese, wegen ihrer Kleinheit, einen Aufzug nach oben. Sie lebt in einem Jahrhundert der Erfindungen. Die Mühe des Treppensteigens, Stufe für Stufe, haben manche nicht mehr auf sich genommen. Bei den Reichen ersetzt ein Aufzug sie aufs vorteilhafteste. Therese möchte auch einen Aufzug finden, der sie zu Jesus empor trägt, sie fühlt sich zu klein und schwach, um die mühsame Treppe der Vollkommenheit zu besteigen. Daher forschte sie in den heiligen Büchern nach einem Hinweis, den begehrten Aufzug zu finden. Und sie las die folgenden Worte, hervorgegangen aus dem Mund der ewigen Weisheit: „Wenn einer ganz klein ist, dann komme er zu mir" (Spr 9,4). So bekam sie, was sie suchte.

Der Aufzug, der sie mitnimmt, sind die Arme Jesu. Auf diese Weise, indem sie klein bleibt und es immer mehr wird, macht sie Gott zur Heiligen.

Die kleine Therese war beeindruckt vom Aufzug, Schwester Ulrika hat einen solchen wohl nicht gekannt. Erstere wollte mit dem Aufzug nach oben, Schwester Ulrika hatte den Wunsch zu fliegen. Beide aber wussten, dass sie weder mit dem Aufzug noch mit einem Flugobjekt zu ihrem Ziel gelangen konnten, nämlich zur endgültigen Vereinigung mit ihrem Geliebten, mit Jesus. Doch als Kinder Gottes haben sie einen Freiflug zu Gott.

Die Menschen, die mit Schwester Ulrika lebten und arbeiteten, erkannten bei ihr dieses Kleinsein, dieses Kindsein. Das aber heißt nicht, dass sie unreif, in ihrer Entwicklung zurückgeblieben war. Sie war erwachsen geworden und ist ein Kind geblieben. So urteilen einige Schwestern: „Mir selbst kam es immer vor, als spiegle sich die Reinheit ihrer Seele in ihrem Gesicht wider – so recht wie bei einem unverdorbenen, unschuldigen Kind."

„Ihr Wandel war im Himmel, das konnte man in ihren Augen lesen, in denen stets ein glückliches Leuchten war, ein Leuchten, wie man es in Kinderaugen sieht, das beglückt und Freude ins eigene Herz bringt. Das brachte eine Begegnung mit Schwester Ulrika. Man fühlte etwas von der Nähe Gottes, etwas von Seiner Reinheit und Güte."

Der Beichtvater der Schwestern in Baden-Baden, Stadtpfarrer Martin, fasste sein Urteil über Schwester Ulrika nach deren Tod in die kurzen Worte zusammen: „Sie war wie ein Kind."

Schwester Ulrika selber betete: „Du kennst mein Verlangen, meine Sehnsucht, die Aufrichtigkeit und Einfalt deines Kindes. O mehre diese Tugend in mir."

Jesus sagt: „Wenn ihr nicht werdet wie die Kinder, kommt ihr nicht in das Himmelreich" (Mt 11,25).

Die neue Kunde, die uns Jesus vom Vater gebracht hat, ist: Gott ist äußerste, bedingungslose und unzweideutige Liebe; eine Liebe, die, wie an Jesus sichtbar geworden, auch durch den Tod hindurch trägt und für alle, die sich ihr öffnen, Leben ist. Und dieses sich ganz öffnen ist der Eintritt in das Kindverhältnis, in die Gotteskindschaft.

Der 1. Johannesbrief 3,1–2 weitet uns den Blick für den Vater und sein Reich: „Seht doch, wie sehr uns der Vater geliebt hat!" Wir dürfen zu Gott Vater sagen und er ist es auch für uns. Seine Liebe ist eine bedingungslose Liebe, die keinen Menschen ausschließt. Es liegt an uns, diese Liebe anzunehmen.

Der Begriff Gotteskindschaft hat mit Verkleinerung, Verkindlichung überhaupt nichts zu tun, sondern mit dem genauen

Gegenteil, der Erhöhung des Menschen. Es ist das Größte, das ein Mensch erreichen kann.

Wenn wir Gott als Vater erkennen und anerkennen, werden wir seine Liebe erwidern und Zeugen seiner Liebe sein wollen. Zeugen für eine Welt, die ihn noch nicht kennt.

Jesus hat uns den Weg zum Vater gezeigt und er hat ihn liebevoll mit Abba angesprochen. Wir haben einen Vater, der uns nie verlässt und der uns erhöht und erhebt.

Was wir einmal sein werden, ist jetzt noch nicht sichtbar. Noch Größeres erwartet uns, wir können das noch nicht fassen, unsere irdische Erfahrung reicht da nicht aus. Unser Herz und unser Verstand sind zu klein, um das zu erkennen und zu verstehen, was Gott, unser Vater, uns schenken will. Das ist ein Geheimnis unseres Glaubens. Ohne Angst, aber voll Vertrauen, sollten wir mit Freude dem entgegen gehen. Alles von Gott erwarten und doch Verantwortung übernehmen für die anvertrauten Menschen, für die, die in Not sind. Sich Gott übergeben heißt nicht, einen bequemen lässigen Weg gehen. Lassen können – loslassen, aber nicht vernachlässigen.

Im Prolog des Evangelisten Johannes lesen wir die frohe Botschaft: „Er kam in seine eigene Schöpfung, doch seine Geschöpfe, die Menschen, wiesen ihn ab. Aber allen, die ihn aufnahmen und ihm Glauben schenkten, verlieh er das Recht, Kinder Gottes zu werden" (Joh 1,11–12).

Es ist nicht abwegig, bei dieser Aussage an Schwester Ulrika zu denken, deren Kommen in die Welt zunächst nicht erwünscht war. Aber bald merkten die, die sie aufnehmen mussten, dass dieses Kind ein Gotteskind war und für sie eine wichtige Botschaft von Gott mitbrachte. Ich denke, dass jeder Mensch, auch wenn er nur eine kurze Zeit lebt, eine Botschaft von Gott mitbringt.

Liegt in ihrem Schwesternnamen Ulrika schon diese Botschaft: „Die an Erbgut Reiche?“ „Ich bin arm, und doch habe ich alles. O Leben, o Reichtum.“

Wir wissen und haben schon an anderer Stelle festgehalten, dass Schwester Ulrikas – Franziskas – Lieblinge die Kinder waren. Wieder zitiere ich Paula Morger: „Wir spielten am Sonntagnachmittag mit ihr Gesellschaftsspiele. Sie hatte dabei den Kleinsten auf dem Schoß, wir andere waren um den Tisch herum, und sie war froh und glücklich wie ein Kind, wenn sie mit uns Kindern spielte.“ Und bei diesem Spielen holte sie auch ein Stück Kindheit nach, denn dazu hatte sie in Unterstadion keine Möglichkeit. Aber sie spielte nicht nur mit den Kindern, sie hat sie auch vor allem durch das Beten angeleitet, den Weg zu Gott zu finden.

Die drei Gebrüder Metzger bezeugen, wie Schwester Ulrika mit ihnen gebetet, sie aber auch zum Gehorsam gegen die Mutter erzogen hat. Sicher ist es nachgewiesen, wie sie – wie schon erwähnt – die Kinder der Familie Morger religiös beeinflusste und beeindruckte; durch ihre kindlich fromme Weise beim Gebet mit den Kindern.

Schwester Ulrika war als Kind Gottes ein froher Mensch, sie war keine Spielverderberin. In Rekreationen war sie herzlich fröhlich. Bei Taktlosigkeiten zum Beispiel an Fastnacht und Nikolaus fiel auf, dass sie da nicht mehr mitgemacht hat. Aber sie besaß einen gesunden Humor und Mutterwitz. Sie spielte mit der ersten Küchenschwester Albertina Theater, so die „Großherzogin Luise“. Dabei übernahm sie die Rolle der Hofdame. Nie war sie die Anführerin solcher Spiele. Sie machte mit, spielte aber nie eine Hauptrolle. Doch auch als Mitspielende zeigte sie ihre Freude am Spiel und am kreativen Tun. Auch hier finden wir eine Ähnlichkeit zu Therese von Lisieux, die mit Leidenschaft Theater spielte.

Kind sein dürfen vor Gott ist ein Grundmodell gelebter Beziehung zu Gott. Wir müssen nicht darum kämpfen, von ihm angenommen zu werden; wir dürfen alles Lebenswichtige von ihm erwarten; wir können in einem Raum der Geborgenheit leben und Gott bedingungslos vertrauen. Wie Kinder dürfen wir darin geistlich wachsen.

Kind sein dürfen vor Gott macht frei und schafft Freiraum, es enthebt unnötiger Sorge um das Großwerden, Kariere machen zu müssen, etwas zu sein vor den andern. Wir dürfen aber wachsen.

Kindsein heißt, mit andern zu leben, die Mitmenschen sehen, denn der Vater hat sehr viele Kinder. Und um die Sorge für die Geschwister geht es auch Schwester Ulrika. Sie hat viel gebetet für die, die sich ihr anvertrauten. Deshalb verdient sie auch heute unser großes Vertrauen.

„Gotteskindschaft" ist eine endzeitliche Gabe, die bei der Auferstehung geschenkt wird und mit der Beachtung des Liebesgebots auf Erden verknüpft ist.

Auch ich möchte Kind Gottes sein, und ich bin es auch. Es ist reines Geschenk, nie kann ich es verdienen. Aber es sollte ein Ansporn sein, danach zu leben oder es wenigstens versuchen. Wenn es ab und zu nicht klappt, darf ich mich in die Arme Gottes werfen, der Vater und Mutter für mich ist.

Wenn Erwachsene die Kinder oftmals nicht ernst nehmen, können wir immer wieder auf das Beispiel Jesu hinweisen:

„Da brachte man Kinder zu ihm, damit er ihnen die Hände auflegte und für sie betete. Die Jünger aber wiesen die Leute schroff ab. Doch Jesus sagte: Lasst die Kinder zu mir kommen; hindert sie nicht daran! Denn Menschen wie ihnen gehört das Himmelreich. Dann legte er ihnen die Hände auf und zog weiter" (Mt 19,13–15).

Fanny in Rorschach mit den vier Kindern um den Tisch beim Spielen, der 2-jährige Robert auf Fannys Schoß

Frau Morger bezeugt: „Fanny war immer nett und sauber gekleidet; Sonntags trug sie für gewöhnlich ein Wollstoffkleidchen mit schmalem Halsbündchen, dazu ein silbernes Kettchen mit einem Kreuzchen daran. Werktags trug sie einfache Waschstoffkleider. Wie in allem so hielt sie sich auch in Bezug auf die Kleidung in der goldenen Mitte und wollte weder durch das Zuviel noch durch das Zuwenig auffallen."

Schwester Ulrika schämte sich nie ihrer geringen Herkunft und ihres armen Elternhauses. Sie anerkannte zeitlebens in Dankbarkeit, was sie den Mühen und Opfern ihrer Eltern verdankte. Diesen Dank stattete sie vor allem dadurch ab, dass sie mit ihrer Hände Arbeit deren Armut nach Kräften zu lindern suchte.

Doch am Liebsten war sie bei den Kindern. Paula Morger erinnert sich: „Wir spielten am Sonntagnachmittag mit ihr Gesellschaftsspiele. Sie hatte dabei den Kleinsten auf dem Schoß, wir andere waren um den Tisch herum, und sie war froh und glücklich wie ein Kind, wenn sie mit uns Kindern spielte."

„Oh, ich möchte alle Herzen zusammenbinden
und in den Ozean der Liebe werfen,
dass alle gereinigt
und mit Liebe erfüllt wären."

Schwester Ulrika

Ich möchte in die Weite und in die Tiefe gehen

Eine unendliche Größe hat Schwester Ulrika vor Augen, wenn sie vom Ozean spricht. Ja, die Weite des Meeres, die sie wahrscheinlich nie gesehen und schon gar nicht erlebt hat, die sie sich aber wohl vorstellen kann, spricht von Schwester Ulrikas großzügigem Denken und Fühlen. Vielleicht ermöglichte ihr Blick auf den Bodensee von Rorschach aus eine Ahnung von Ozean. Ozeanisches Denken schließt niemanden aus, es spricht viel mehr von der Vereinigung mit allem Leben, mit allem Lebendigen, vom Eins sein mit der ganzen Schöpfung. Ozeanisches Denken heißt über Grenzen hinweg denken und lieben.

Hier zeigt sich Schwester Ulrika als Mystikerin, denn unbegrenzte Zugehörigkeit ist ein wichtiges Kriterium der mystischen Erfahrung.

Für Menschen – und natürlich nicht nur für sie – spielt Wasser eine große, elementare Rolle. Wir Menschen sind zumindest während der ersten Lebensmonate Wasserwesen. Als Embryo lebt jeder von uns in einem fantastischen kleinen Ozean namens Fruchtwasser. Und im Blut ist die Konzentration von Salz und anderen Mineralien ganz ähnlich wie im Meerwasser. Das Blut ist womöglich eine letzte Erinnerung an unsere Abstammung aus den Urozeanen der Erdgeschichte.

Wenn Schwester Ulrika in diesen Zusammenhang gebracht wird, so können wir doch sagen, dass diese Erfahrung jeder Mensch macht und als ein Wissen in sich trägt. Es ist ein Urwissen, das ihm hier mitgegeben wird aus neun Monaten inniger Erfahrung im Bauch der Mutter.

Die Tiefe des Meeres eröffnet die Dimensionen des Unbekannten, die Weite, die Offenheit, der unendliche Raum. Der Ozean weist uns in das Geheimnis und in das Geheimnisvolle. Und wenn Schwester Ulrika vom Ozean der Liebe spricht und keine Grenzen kennt, so passt ihr Lebensmotto „Kein Maß kennt die Liebe“ gut in diesen Zusammenhang. Ihr Wunsch, dass alle Herzen im Ozean der Liebe gereinigt und mit Liebe erfüllt werden, entspricht ganz ihrer Sehnsucht nach Tiefe und Weite im Denken, Reden und vor allem in der Liebe.

Schwester Ulrika kennt das Wasser gut als reinigendes Element aus der Küchenarbeit, aber sie kennt es auch aus dem religiösen sakramentalen Leben der Kirche. Das Weihwasser ist ein Segenszeichen, es erinnert an die Taufe. Das Wasser der Taufe ist ein Zeichen, dass Gott uns Leben schenkt. Und dieser Ausruf „Oh“ zeigt ihre große Leidenschaft und Liebe zu allen Menschen. Sie möchte die Herzen zusammenbinden, damit keines verloren geht und keines einsam und verlassen dahin leben muss.

Unsere Herzen werden erfüllt vom Heiligen Geist, es ist ein Geschenk der Liebe Gottes. Seine Liebe ist Grund unserer Hoffnung. Schwester Ulrika hatte eine große Verehrung des Herzens Jesu, sie hat sich ihm ganz geweiht.

Jesu Liebe ist verlässlich und gipfelt in der Hingabe seines Lebens für uns, für alle. Das hat er für uns durch seinen Kreuzestod bezeugt und durch seine Auferstehung besiegelt.

Könnten wir doch besser verstehen, was und wie Gott uns beschenkt, wie er uns reich macht.

Über dieses Geschenk freut sich, ja jubelt geradezu auch der Apostel Paulus im Brief an die Römer:

„O Tiefe des Reichtums, der Weisheit und der Erkenntnis Gottes! Wie unergründlich sind seine Entscheidungen, wie unerforschlich seine Wege. Denn wer hat die Gedanken des Herrn erkannt? Oder wer ist sein Ratgeber gewesen? Wer hat ihm etwas gegeben, so dass Gott ihm etwas zurückgeben müsste? Denn aus ihm und durch ihn und auf ihn hin ist die ganze Schöpfung. Ihm sei Ehre in Ewigkeit! Amen" (Röm 11,33–36).

Schwester Ulrika hatte nicht das Wissen einer gelehrten Frau, Gott aber hat sie reich beschenkt mit einem inneren Wissen, mit einer Herzensbildung, die sie geweitet und geöffnet hat für die Menschen und deren Bedürfnisse. Auf sie treffen die Worte aus dem Matthäusevangelium zu:

„Danach rief Jesus: „Vater, Herr über Himmel und Erde, du hast angefangen, deine Herrschaft aufzurichten. Das hast du den Klugen und Gelehrten verborgen, aber den Unwissenden hast du es offenbar gemacht. Dafür preise ich dich! Ja, Vater, so wolltest du es haben!" (Mt 11,25–27).

In diesem Zusammenhang zeigt auch wieder Therese von Lisieux eine enge Verwandtschaft mit Schwester Ulrika.

Sie verglich sich gern mit einem Sandkorn, mit einem Atom, das nur den Augen Gottes sichtbar ist. Ihre ganze Kraft verwandte sie darauf, „ein Nichts" zu werden, d. h. mit der Botschaft Jesu von der Armut im Geiste ernst zu machen. Die Vollkommenheit scheint ihr leicht. Indem sie den großen Seelen, den großen Geistern die schönen Bücher überlässt, die sie nicht zu verstehen vermag und noch weniger in die Praxis umzusetzen imstande ist.

Sie freut sich darüber, klein zu sein, weil die Kinder und jene, die ihnen ähnlich sind, am himmlischen Mahl teilhaben dürfen.

Und diese kleine Therese wurde 1997 von Papst Johannes Paul II. zur Kirchenlehrerin erhoben.

So war es eigentlich immer, die Geringen, Verachteten hat Gott berufen, um mit ihnen Geschichte zu machen: Mose, ein Totschläger und sprachbehindert, den jugendlichen Schafhirten David, Rahab, die Hure, und die Ausländerin Ruth. Für Fremde und Witwen und Waisen war er da.

Das kleine unbedeutende Volk Israel hat er berufen und ihm den Vorzug gegeben vor den einflussreichen großen Völkern. Das Kleine erwählt er, um seine Größe zu zeigen.

Ja, es hat dem Allmächtigen gefallen, im Holz der Krippe und am Holz des Kreuzes schwach und arm und verachtet und ohnmächtig zu werden. Im Gekreuzigten, in diesem schwachen Menschen am Kreuz, sehen wir Gott und uns beieinander.

Da sehen wir Gott in seiner Schwäche für uns.

Nichts haben wir zu bieten, nichts müssen wir mitbringen und einbringen, wenn Gott erwählt, beruft. Das ist so wie ganz am Anfang, als er aus dem, was nichts ist und Chaos, seine Schöpfung erschuf. Dass er uns Menschen erwählt und beruft, das liegt einzig und allein an seiner Schwäche für uns. Er kann und will nicht ohne uns sein.

Gott hat eine Schwäche für das Schwache, um seine Stärke zu zeigen.

Der Mensch kann aus sich nicht groß werden, wenn er das probiert, fällt er sehr tief, wir haben genügend Beispiele in unserer Geschichte. Auch wenn uns das vielleicht nicht gefällt, aber so ist es.

Ja, Gott führt uns in die Weite und in die Tiefe, wenn wir uns von ihm führen lassen.

Die Zeugenaussagen von Mitschwestern und von den Lehrtöchtern über Schwester Ulrika deuten auf diese Weite und Tiefe.

„Ihre Wirkkraft hing nicht von ihrer Begabung ab, sondern von ihrem Innenleben, von ihrer unmittelbaren Verbindung mit Gott."

„Die Unauffälligkeit, Schlichtheit, Einfachheit, die Harmonie und Natürlichkeit des heroischen Tugendwandels der Schwester Ulrika sehe ich als Auswirkung ihrer übernatürlichen Klugheit an. Es machte sich diese Klugheit schon in der Jugend bemerkbar." Franz, ihr Bruder, sagt: „Sie war von Jugend an auffallend still und ruhig, liebte es allein zu sein. In gewissem Grad war sie verschlossen; sie gab keinen Einblick in ihr inneres Leben."

„Sie verstand anzuordnen, einzuteilen, zu überwachen, doch geschah das in lieber, bittender Art, so dass niemand abgestoßen wurde und jedes gerne mit ihr arbeitete; ein Zeichen ihrer Klugheit. Sie übte auf ihre Mitschwestern einen erzieherischen Einfluss aus schon im Noviziat und hatte mehr Autorität als ihre vorgesetzte Schwester. Darum war sie auch die Ratgeberin und Trösterin ihrer Mitschwestern."

Schwester Mericia, die sie gut beobachtete, sagte aus: „Schwester Ulrika ist niemand aufgefallen in ihrer einfachen, schlichten Art, auch den meisten Mitschwestern nicht. Sie war bei vielen die gute Schwester Ulrika, die niemand weh tat und alle lieb hatte. Manche hielten sie für wenig intelligent, sie war es nicht in weltlichen Dingen, wohl aber voll Wissenschaft und Weisheit in göttlichen. Das aber blieb den meisten, die mit ihr zusammen lebten, verborgen."

Professor Zweifel von Rorschach, der bereits 82 Jahre zählte bei der Zeugenaussage, behielt Franziska, die er bei Familie Morger kennen lernte, in Erinnerung, weil sie ihm schon damals den „Eindruck der Reife und Entschlossenheit“ machte.

Eine Mitschwester meinte: „Ganz allgemein möchte ich heute sagen: Schwester Ulrika war sehr ausgeglichen, so still und doch der Pflicht nahe, so einfach und doch so gebildet; ihr leuchtender Blick und doch so nach innen gekehrt; ihr feiner Humor und doch fern aller Ausgegossenheit.“

Schwester Ulrika wird als eine kluge und verständige, zielklare Schwester allgemein gerühmt.

„Sie ging in der Küche still ihren Weg. Sie war klug, weil sie ihre Sinne beherrschte, nie neugierige Fragen stellte und auch, wenn sie gefragt wurde, nur das Notwendige redete.“

Noch einmal sei betont: Ozeanisches Denken heißt über Grenzen hinweg denken und lieben. Wir singen im Lied von Silja Walter:

„Du bist zur Quelle hinabgestiegen,
Ulrika, selige Magd.
Da sahst du den Schatz der Herrlichkeit liegen
und hast ihn zu heben gewagt.
O Leben, o Reichtum, den Armen und Kleinen,
den Herzensreinen geschenkt.

Du brachtest den Tag, seine Stunden zum Glühen,
Ulrika, Jüngerin, Braut.
Im Dienen und Leiden, im Ruhen und Knien
hast du den Geliebten geschaut.
O Leben in Christus, den Weisen und Klugen
verborgen, von Kleinen erkannt!“

Auch ich möchte in die Weite und Tiefe in meinem Denken, Fühlen, Beten und Lieben. Aus unserer Sehnsucht heraus, dorthin geführt zu werden, singen wir: „Du führst mich hinaus ins Weite, du machst meine Finsternis hell." Hinaus ins Weite geführt zu werden heißt, aufstehen und losgehen, nicht bequem sitzen bleiben.

Und zur Quelle in die Tiefe hinabsteigen und wie Schwester Ulrika den Schatz der Herrlichkeit finden und heben, das ist auch mein großer Wunsch.

„Heiliger Schutzengel:
Erinnere mich oft, ja immer,
in wem ich wohne."

Schwester Ulrika

Ich möchte wissen, wohin ich gehöre

Schwester Ulrikas Aufzeichnungen schließen meist mit einer entsprechenden Anrufung an Gott und die Heiligen. So bittet sie einmal ihren Schutzengel: „O heiliger Schutzengel, erinnere mich oft, ja immer, in wem ich wohne."

Auch Schwester Ulrika kennt die menschliche Schwäche, abgelenkt zu werden oder gar zu vergessen. Es war ihr wichtig, erinnert zu werden, in wem sie wohnt, in wem sie lebt. Zu ihrem Schutzengel hatte sie eine innige Beziehung, er war ihr Begleiter. So wundert es nicht, dass sie gerade ihn bittet, sie an Wichtiges zu erinnern. Wo wohnt Schwester Ulrika, so dass sie immer daran erinnert werden möchte? Wo fühlt sie sich daheim, geliebt, verstanden, angenommen und angekommen? Zum Schutzengel hatte sie schon von früh an eine innige Beziehung. Tante Gertrud in Oberdorf wusste darum und nahm diese Tatsache ernst und war ganz gepackt davon. Von Aussagen vieler Augenzeugen wissen wir, dass Schwester Ulrika viel zum Schutzengel betete und großes Vertrauen zu ihm hatte. Da die tiefe Sehnsucht nach Vereinigung mit Gott, mit Jesus, ihr großes Anliegen war, richtet sie vor allem diese Bitte an den Schutzengel, ihren Begleiter.

Wie wichtig es ist, irgendwo daheim zu sein, einen Wohnraum zu haben, sehen wir am Leid vieler Menschen, die aus verschiedenen Gründen wohnungslos, obdachlos, geworden sind.

Obdachlos, d. h. dass die einen kein Dach über dem Kopf haben. Die anderen müssen immer mehr dafür bezahlen. Studenten schlafen in Turnhallen auf Gymnastikmatten, in einem Bundesland werden leere Polizeistationen umfunktioniert. Egal, welche Großstadt: Die Mieten steigen seit mehreren Jahren und sind für viele Wohnungssuchende nicht mehr bezahlbar.

Tausende haben zurzeit in Deutschland kein eigenes Dach über dem Kopf, sind also obdachlos. Das ist ein Anstieg um 15 Prozent binnen zwei Jahren. Besonders betroffen sind die Hartz-IV-Empfänger und Single-Männer, gerade letztere landen oft auf der Straße.

Die Zahl der Kinder und minderjährigen Jugendlichen, die mit ihren Eltern nicht in einer eigenen Wohnung leben, wächst.

Sie kommen oft in die Verlegenheit, ihre Freunde, ihre Schulkameraden nicht nach Hause einladen zu können, weil sie kein rechtes Zuhause haben. Das kann für sie recht beschämend und erniedrigend sein. Es ist für diese Menschen auch kein Trost, sie auf die himmlischen Wohnungen zu verweisen, die ihnen und uns allen versprochen werden. Der Mensch braucht auch auf der Erde – und das zuerst – einen Platz, wo er daheim sein kann. Wenn alte und pflegebedürftige Menschen aus irgendwelchen Gründen in ein Alten- bzw. Pflegeheim eingewiesen werden, ist das oft ein großes Leid, ihr eigenes Heim, das sie vielleicht sogar aufgebaut haben, verlassen zu müssen. Viele Menschen müssen ihre Wohnung, ihr Haus aufgeben, werden vertrieben, müssen flüchten und eine neue Heimat finden.

Sollte das Recht auf eine Wohnung nicht in unser Grundgesetz, wie es Menschenrechtler und manche Politiker fordern?

Wenn der Mensch solche Erfahrungen gemacht hat, kann ich ihm vielleicht sagen, dass Jesus uns eine Wohnung bereitet, in der wir für immer daheim sein können.

Im Johannesevangelium lesen wir: „Euer Herz lasse sich nicht verwirren. Glaubt an Gott und glaubt an mich! Im Haus meines Vaters gibt es viele Wohnungen. Wenn es nicht so wäre, hätte ich euch dann gesagt: Ich gehe, um einen Platz für euch vorzubereiten? Wenn ich gegangen bin und einen Platz für euch vorbereitet habe, komme ich wieder und werde euch zu mir holen, damit auch ihr dort seid, wo ich bin" (Joh 14,1–3).

Nach diesen Wohnungen hatte Schwester Ulrika Heimweh, dorthin geht ihre Sehnsucht. Mit dem Psalmisten kann sie beten, ja jubeln: „Wie lieb sind mir deine Wohnungen, Herr! Meine Seele verzehrt sich in Sehnsucht nach dem Tempel und seinen Vorhöfen. Mein Herz und mein Leib freuen sich dem lebendigen Gott entgegen" (Ps 84,2–3). Und der Vers 5 spricht aus, was Schwester Ulrika für sich gefunden hat: „Wie glücklich sind alle, die in deinem Hause Wohnrecht haben und dich dort immerzu preisen können!" Aber letzten Ende ist es nicht die Wohnung und der Tempel, aus Stein gebaut, schön geschmückt und reich gestaltet, es ist Jesus selbst, der Heimat bietet. Schwester Ulrika bewegt sich bei ihren inneren Bildern fast immer in Räumen, die sie Salon, Palast, Häuschen oder Gemach nennt. Es sind irdische Vorstellungen für das, was im Inneren der Schwester lebt. Sie hat dieses Zuhause nicht selbst gefunden, es wurde ihr geschenkt, dort will sie bleiben für immer. Sie möchte nicht nur „wohnen" in Jesus, sie möchte auch in ihm und bei ihm „bleiben".

In Gottes Gegenwart bleiben, auch in der Küche, mitten im Arbeitsfeld, während der Arbeit.

Jesus selber kennt die Situation, auf Erden keine eigentliche Heimat zu haben. Oft war er Gast in der Familie des Petrus in Kafarnaum, er hatte unterwegs gerastet bei Martha und Maria, war eingeladen zum Mahl beim Pharisäer Simon, hat mit den Zöllnern und Sündern gegessen und sich selbst eingeladen beim Zöllner Zachäus.

Ja, selber wohnungslos: Am Anfang keine Herberge, eine Krippe, in die er als Neugeborener gelegt wird. Von sich selbst sagt er: „Der Menschensohn hat nichts, wohin er sein Haupt legen kann“, (Lk 9,58b) schließlich liegt er auf dem Kreuz. Da ist sein Ort, da ist er, weil er am Tiefsten an diesem Platz die Liebe des Vaters verwirklichen kann. Er, das ewige Wort, hat Fleisch angenommen und hat unter uns gewohnt, hat unter uns gezeltet. Beim Vater war er eigentlich daheim, und in diese Heimat will er auch uns führen.

Schwester Ulrikas Eltern durften zunächst nicht heiraten, weil sie wegen fehlender finanzieller Mittel den Kindern kein Heim bieten konnten. Die kleine Fränzi hat, nach anfänglicher Ablehnung, zunächst bei ihrer Großmutter ein Heim gefunden.

Franziska hat oft ihren Wohnraum gewechselt, nicht weil sie es nicht ausgehalten hat oder Abwechslung brauchte, sondern um Geld zu verdienen, um ihre Eltern und Geschwister zu unterstützen. Wirklich daheim war sie in der Familie ihrer Patentante Gertrud, aber auch da durfte sie nicht lange Zeit bleiben. Daheim hatte sie sich sicher auch gefühlt im Kreis der Kinder in Rorschach.

Wie schon erwähnt, hat sie ganz besondere Verehrung und Liebe zum Herzen Jesu. Diese Liebe drückt sie aus, indem sie in ihren Aufzeichnungen schreibt: „Im Herzen Jesu will ich wohnen alle Tage meines Lebens. Jedes Werk, das ich vollbringe, jedes Wort, das ich rede, jeden Gedanken, den ich fasse, alles nur im Herzen Jesu, auch das Geringste.“

„Wo wohnst du?“, fragen einmal zwei Jünger Jesus. Sie fragen ganz normal, wie man eben einen Menschen fragt, für den man sich näher interessiert.

„Wo wohnst du?“ – „Sag mir deine Adresse!“ – „Wo wohnst du?“, das ist eigentlich noch mehr, als der Ort, die Straße, die

Hausnummer zu kennen. Heißt das nicht auch: „Wo kann ich dich finden, wenn ich dich brauche?“ Das Zuhause ist etwas sehr Privates. Hinter der Frage der Jünger stand wahrscheinlich das Bedürfnis, herauszufinden, wo Jesus daheim war, wo sein Ursprung ist, mit wem er innig lebte und zutiefst verbunden war. Schwester Ulrika weiß um die Worte: „Bleibet in meiner Liebe.“ Denn das ist doch wohnen in ihm, leben in ihm, Ruhe finden in ihm. Um das nie zu vergessen, will sie immer neu daran erinnert werden.

Und an diese Liebe will sie immer erinnert werden, gerade auch im Betrieb einer Großküche. Immer wieder ermutigte sie auch ihre Mitarbeiterinnen und Anvertrauten, die Kochlehrtöchter, zum Schutzengel zu beten, dass er sie führe. Diese haben Schwester Ulrikas Rat ernst genommen, weil ihr Leben identisch war mit dem, was sie sagte, sie spürten ihre Echtheit. „In Jesus und Jesus in mir“. Dieses innere Wissen und der Glaube daran stellte Schwester Ulrikas Leben auf ein sicheres Fundament, war ihr Quelle der Freude und gab ihr Kraft, das Kreuz zu verstehen und den Sinn des Leidens zu erkennen. Das mystische Beten, das Gebet der Einfachheit, drückt die Sehnsucht der Schwester Ulrika aus, bei Jesus daheim zu sein, in ihm zu wohnen. Aber sie sehnt sich auch danach, dass Jesus in ihr Wohnung nimmt.

Eine der Lehrtöchter in Baden-Baden sagte aus: „Ich kannte Schwester Ulrika immer nur ruhig und sanft, ein anderes Verhalten war mir bei ihr gar nicht denkbar. Sie schien mir immer dem Göttlichen Heiland zu leben. Ihre Fröhlichkeit und ihre Freundlichkeit erkläre ich mir als Ausfluss eines reinen Innenlebens. Schwester Ulrika gab immer ein gutes Beispiel, in jeder Hinsicht war sie außerordentlich gut.“

Und Schwester Joachim beobachtete: „Die Demut hatte in der Seele der Schwester Ulrika so recht ihre Heimstätte."

Der Apostel Paulus schreibt im 2. Brief an die Korinther: „Wir wissen: Wenn unser irdisches Zelt abgebrochen wird, dann haben wir eine Wohnung von Gott, ein nicht von Menschenhand errichtetes ewiges Haus im Himmel. Im gegenwärtigen Zustand seufzen wir und sehnen uns danach, mit dem himmlischen Haus überkleidet zu werden. So bekleidet, werden wir nicht nackt erscheinen. Solange wir nämlich in diesem Zelt leben, seufzen wir unter schwerem Druck, weil wir nicht entkleidet, sondern überkleidet werden möchten, damit so das Sterbliche vom Leben verschlungen werde. Gott aber, der uns gerade dazu fähig gemacht hat, er hat uns auch als ersten Anteil den Geist gegeben.

Wir sind also immer zuversichtlich, auch wenn wir wissen, dass wir fern vom Herrn in der Fremde leben, solange wir in diesem Leib zu Hause sind; denn als Glaubende gehen wir unseren Weg, nicht als Schauende.

Weil wir aber zuversichtlich sind, ziehen wir es vor, aus dem Leib auszuwandern und daheim beim Herrn zu sein" (2 Kor 5,16).

Sterbende rufen oft als ihren letzten Wunsch aus: „Ich will heim."

Wo wollen sie hin? In ihre Wohnung, in ihr Elternhaus oder in die ewige Heimat?

Die letzten Worte unserer Gründerin Mutter Maria Theresia Scherer waren:

„Himmel, Himmel!"

Diese Worte führen uns zum letzten Kapitel dieses Buches.

Die 22-jährige Franziska vor dem Klostereintritt

Es zeigte sich schon bei ihr als junges Mädchen, dass die Scheingüter z.B. Vergnügungen, nie einen Einfluss auf sie ausübten. Sie suchte in der Fremde ihre Freude in Gott durch ein religiöses Leben und durch treue Pflichterfüllung; sie besuchte keine Gesellschaften und Theater, hatte keine Freundin, pflegte keine Putzsucht, bedauerte nicht, dass sie in der Krankheit ihr schönes Haar, ihre Zöpfe, verloren hatte. Sie traf auch keine Sicherungen für ihre Zukunft, gab. z. B. alles Geld den Eltern ab und schämte sich nicht, ohne Mittel ins Kloster zu kommen.

Ihr Weg ins Kloster war lange Zeit vorbereitet. Einmal sagt Schwester Ulrika: „Diese selige Stunde, als mir der Entschluss kam, ins Kloster zu gehen." Und den Eltern schreibt sie später: „Was meine Person betrifft, bin ich gesund und glücklich in meinem schönen Berufe und ich möchte mit der ganzen Welt nicht tauschen."

Ihre Schwester Luise erinnert sich an ihren Besuch am Krankenbett: „Als ich sie in ihren Krankheitstagen im Herbst 1912 erstmals in Hegne besuchte, warnte sie mich vor den Schmeicheleien der Männerwelt; sie wies daraufhin, wie sie selbst erlebt habe, dass ein Soldat, als sie schon Schwester war, zu ihr sagte: „Wie kann so ein schönes Mädchen ins Kloster gehen!"

Franziska Nisch vor dem Klostereintritt, Fotografie, 50 x 70 cm

*„Manchmal bin ich so weg,
weil die Bilder so stark und schön sind
und es ist dann wie im Himmel."*

Schwester Ulrika

Ich möchte zurück in das Paradies

Schwester Ulrika spricht von Heimweh und sie sehnt sich auch danach, daheim zu sein.

Kann es sein, dass ich nur dorthin Heimweh habe, wo ich schon einmal daheim war? Wo komme ich her, wo war ich daheim? Wohin geht die Sehnsucht der Schwester Ulrika? Ist Heimweh die Sehnsucht in der Fremde, wieder in der Heimat zu sein?

„Am Anfang, als Gott den Menschen schuf, so erzählt die Urgeschichte der Bibel, setzte Gott den Menschen in einen Garten. Einen Garten in Eden, das heißt in der kahlen Steppe, einen abgegrenzten Bezirk, in dem Bäume wuchsen, Wasser flossen, Blumen und Früchte gediehen, also ein Spezialraum für den an der Erde arbeitenden Menschen. Wobei uns deutlich sein muss, dass das Paradies von 1 Mose 2 nicht das Schlaraffenland war", Jörg Zink[4].

Aber die Erinnerung ans Paradies bleibt im Gedächtnis, der Garten Eden wird zum Sehnsuchtswort und Sehnsuchtsort, welcher die bitteren Erfahrungen im Überlebenskampf hinter sich lässt. So schön könnte das Leben sein, wenn Einigkeit herrschte zwischen Mensch, Natur und Gott. Diese Gartengeschichte am Anfang der Bibel, vor nahezu 3000 Jahren aufgeschrieben, gehört bis heute zu den Schlüsseltexten jüdischer und christlicher Überlieferung und hat selbst profanes Denken geprägt.

Gartengestaltung ist etwas Herrliches, Beruhigendes für den, der daran Freude gewinnen kann. Jährlich besuchen viele Menschen die Landesgartenschau und die internationale Gartenschau. Wir staunen, wie kreativ mit der Erde, mit Pflanzen, mit Landschaften, umgegangen wird. Japanische Gärten haben etwas Meditatives an sich. Die Arbeit mit der Erde, der Aufenthalt in der Natur, beruhigt nicht nur, wir sind ein Teil dieser Natur.

Schön gestaltete Gärten können eine kleine Ahnung vermitteln vom Garten Eden, in dem Menschen, Pflanzen und Tiere in Frieden miteinander auskommen. Manche fühlen sich in der Natur Gott sehr nahe. Aber das wahre Paradies, wie es uns die Heilige Schrift zeigt, wird es durch dieses kleine Stück Erde nie werden.

In allen Religionen finden wir die Gärten als vorzügliche Orte der Gottesoffenbarung.

Für Pfarrer Dr. Michael Rieger ist der Garten von Kind auf eine seiner größten Leidenschaften. Er fand durch praktische Arbeit im Garten einen heilsamen Ort der Verwandlung und einen Bezug zu Gottes Schöpfung. Er schreibt über die spirituelle Dimension des Gartens: „Die Botschaft des Gartens: Aus der Erde heraus zu keimen, sich kraftvoll zu erheben, zu blühen, sich der Sonne entgegenzustrecken ... aufrecht zu stehen vor einem Gott, der alles erschaffen hat, Ihm zu danken im Klang der Farben, des Leuchtens, der Blüte. So sind die großen Lobpreislieder auf den Schöpfer entstanden, vor allem in den Psalmenliedern des Ersten Bundes. Immer wieder die kraftvolle Gartenerfahrung: Aus dem, was wir für tot gehalten hatten, grünt neues Leben. Und schließlich jene große Lehre der Schöpfung, dass das Verwelken und Zu-Grunde-Gehen, das Sterben und den Tod annehmen Teil der sich zur Erde neigenden Schöpfung ist. Welch ein geheimer Trost für die Geschöpfe: Jede Blume, jede Pflanze, jedes Tier, jeder Mensch singt ihr und sein eigenes Loblied auf den Schöpfer und durchlebt seinen und ihren eigenen ‚Daseinsschmerz'."[5]

Seit ich mich mit dem Thema Paradies auseinandersetze, merke ich, wie Vieles als Paradies bezeichnet wird. Fast jeden Tag begegnet mir das Wort Paradies: Autoparadies, Badeparadies, Paradies für Tiere aller Art, unberührte Landschaften, Urlaubsparadiese, Paradiese für Verliebte, schön gestaltete Gärten, Stadtteile und Straßen und Gasthäuser nennen sich Paradies. Das Paradies ist wirklich ein Sehnsuchtsort und Sehnsuchtswort.

Wenn bei uns im Kloster eine Schwester beerdigt und der Sarg aus der Kirche getragen wird, singen wir der Verstorbenen als Wunsch zu:

„Zum Paradies mögen Engel dich geleiten, die heiligen Märtyrer dich begrüßen und dich führen in die heilige Stadt Jerusalem. Die Chöre der Engel mögen dich empfangen, und durch Christus, der für dich gestorben, soll ewiges Leben dich erfreuen."

Wir bitten dabei Gott: Öffne ihr das Paradies, damit sie heimkehren kann, heim zu dir.

„Wie sieht das Paradies aus?" wurde die Schweizer Ordensfrau und Schriftstellerin Silja Walter einmal gefragt. Sie antwortete: „Das Paradies sieht nicht aus. Es ist kein Garten, es ist Beziehung, Liebe. Es ist Leben. Leben kann nicht aussehen, es vollzieht sich, es lebt. Das Paradies sieht für mich wie Gott aus."

Und es wird sein: „Shalom", das ist nicht nur Friede, es ist viel mehr, es ist allumfassendes Glück, für immer bei Gott zu sein, es ist die Vollendung von Gottes Reich. Es ist wie Jauchzen im Sieg, Jubel beim Beute verteilen, Freude bei der Ernte, Wonne beim Genuss. Das sind vergleichende Bilder und Erfahrungen für das Paradies, die das Erste Testament und die Menschen, die in dieser Zeit lebten, erwarteten und erhofften. Am Ende aber bleiben Jauchzen, Jubel, Freude und Wonne.

Schwester Ulrikas Sehnsucht nach dem Himmel, nach dem Paradies, ist wie ein Zurückkehren in die verlassene Heimat.

Sie hat oft vom Himmel gesprochen, aber nie hat sie den Himmel Paradies genannt. Ihre Mitnovizin Schwester Joachim, die Schwester Ulrika sehr verehrte und große Achtung vor ihr hatte, sagte: „Ich glaubte immer, aus Schwester Ulrika ihre Taufunschuld herauszuspüren, d. h. dass sie nie eine schwere Sünde begangen habe, sondern immer ihre Taufunschuld bewahrt habe und dachte manchmal: Schwester Ulrika hat etwas aus dem Paradies mitbekommen, so geordnet ist ihr ganzes Leben. Sie war eine ausgeglichene Seele, die verkörperte Einfachheit und Natürlichkeit; sie verbreitete Friede, Ruhe und Freude um sich."

Ist es das, was das Paradies ausmacht, von dem Schwester Ulrika ein Stück auf die Erde gebracht hat? Und wünschen wir das nicht unseren Verstorbenen und beten für sie um Friede und Freude und die ewige Ruhe. Diese Ruhe ist nicht Langeweile, Schläfrigkeit, Nichtstun, es ist ein Leben bei Gott, das durch nichts mehr getrübt wird, der Mensch tritt ins Licht und hat Gunst gefunden in den Augen Gottes, es ist Leben in Fülle. Sollte Schwester Ulrika für uns Botschafterin des Paradieses werden? Uns einen Weg dorthin zeigen, Impulse geben, um diesen Weg gehen zu wollen?

Schwester Ulrika hatte große Freude an Farben, am Licht, an Blüten und Blumen, an Sonnenuntergängen, am großen Wasser, dem Ozean, am Feuer des Glühofens, am Atem alles Geschöpflichen, am freien Flug. Aber alles war für sie Abbild dessen, woher sie kam und wohin ihre Sehnsucht sich ausstreckte, Geschenk von dem, den sie über alles liebte, vom Schöpfergott und ihrem geliebten Jesus.

Dies konnten einige Schwestern und junge Frauen beobachten und aussagen.

Als Schwester Raymunda sie bedauerte, dass sie noch so jung und schon so schwer krank sei, gab Schwester Ulrika zur Antwort: „Das macht doch nichts, es geht heimwärts. Unsere Heimat ist droben, nicht hier auf Erden, ich sterbe gern."

Eugenia Jäkle: „Weil Schwester Ulrika damals schon leidend war, hatte ich sehr Angst um sie. Sie war Gottes Eigentum, darum hat Gott sie auch so früh geholt."

Sie sagte beim Arbeiten manchmal: „Macht es dem Herrgott zu liebe; es ist gleich, was ihr tut; die Zeit ist so kurz; bald sind wir droben." Dabei zeigte sie mit der Hand nach oben.

Schwester Joachim: „Wir haben öfters vom Himmel gesprochen. Einmal sprachen wir darüber, wie man dem Heiland näher kommen könne. Wir kamen dabei auf Visionen und andere außerordentliche Zustände zu sprechen. Schwester Ulrika erklärte: ‚Das braucht es alles nicht, das ist alles nur Zugabe; nur Tugend ist notwendig, sonst nichts.'"

Eine Lehrtochter sagte: „Die Hoffnung auf den Himmel ließ Schwester Ulrika alle Schwierigkeiten überwinden. Es ging immer alles so leicht und ruhig, wenn sie mitarbeitete."

Schwester Mericia: „Ihr Wandel war im Himmel! Ich glaube, dass sie Gottes Gegenwart nie aus den Augen verloren hat. Ihre Haltung und ihr Verhalten deuten davon."

Schon das junge Mädchen erweckte den Eindruck inniger und starker Gottverbundenheit. In Rorschach fiel schon das Urteil: Gott hat sie absorbiert. Eine junge Kochlehrtochter urteilt: „Schwester Ulrika hat den Herrgott in sich drin. Sie braucht sich gar nicht anzustrengen, um fromm zu sein, das kommt bei ihr von selbst. Darum war sie auch so still und gern allein."

„Ungefähr sechs Wochen vor ihrem Tode kam Schwester Ulrika mit einer ebenso kranken Schwester Oriola unter die Küchentüre, um sich zu verabschieden. Schwester Ulrika sagte: ‚Der Weg geht jetzt nicht mehr die Treppe herunter in die Kapelle, sondern aufwärts in den Himmel'."

Schwester Aniceta: „Das ganze Sehnen der Schwester Ulrika richtete sich auf den Himmel; Von der Welt wollte sie nichts wissen. Schwester Ulrika zeigte nie Furcht vor dem Tod, im Gegenteil."

Schwester Pasqualina: „Ich glaube bestimmt, dass sie im Himmel ist. Sie hat nichts Auffallendes getan, und doch fällt mir jetzt auf, was und wie sie es getan hat."

Die Lehrtochter Berta Schönleber: „Ich hatte die Auffassung: Schwester Ulrika lebe mehr im Jenseits als auf dieser Welt. Sie hatte kein anderes Ziel als die Ehre Gottes und das Wohl ihrer Mitmenschen. Ihre innerliche Fröhlichkeit, ihre Geduld und ihr Gottvertrauen halfen ihr über jede schwere Angelegenheit hinweg.

Sie suchte zu erkennen, was Gott von ihr wollte, so wie es kam, nahm sie alles froh an, nie wich sie dem Kreuz aus, auch keiner Verdemütigung. Ihr ganzes Hoffen ging aufs Jenseits." „Sie nahm sich gerade um solche an, deren Krankheit Ekel und natürlichen Widerwillen hervorrief. Starken Herzens sah sie dem Tod entgegen, auf den sie wie auf einen lieben Freund wartete."

Lukas erzählt uns in seinem Evangelium die tröstliche Begegnung: „Zu Jesus sagte er (einer der Verbrecher): ‚Denk an mich, Jesus, wenn du deine Herrschaft antrittst!' Jesus antwortete ihm: ‚Ich versichere dir, du wirst noch heute mit mir im Paradies sein'." (Lk 23,42–43)

Was verstehen wir unter Paradies?

Ich habe Mitmenschen verschiedenen Alters diese Frage gestellt. Hier sind die Antworten:

„Ich glaube nicht, dass es einen Ort gibt, den man lokalisieren kann, an dem sich das Paradies oder der Himmel befindet. Ich stelle es mir vor wie einen Zustand, den wir alle einmal, wenn wir das irdische Leben hinter uns lassen, erleben werden. Und doch ist auch dieses

erleben ‚werden' schon wieder nicht ganz richtig, denn dieses Sein ist nicht an die Zeit gebunden. Das Paradies ist nach meiner Vorstellung eher etwas, das uns immer umgibt, von dort kommen wir und dorthin gehen wir. Auf der Erde empfinden wir uns also, weil wir nicht anders denken können, als vorübergehend davon getrennt, aber tief in uns wissen wir darum und sehnen uns danach. Im paradiesischen Sein sind wir ganz, heil, angstfrei, geborgen, vertrauend. So ähnlich wie in der irdischen Kindheit, wenn wir das Glück hatten, so aufzuwachsen. Es gibt Menschen oder Begegnungen, die diese Ahnung und dieses Sehnen in uns fast greifbar werden lassen. Vielleicht sind sie uns geschickt, damit wir nicht vergessen, auf welchem Weg wir sind, und auch nicht, dass wir alle hier versuchen sollten, hier und jetzt etwas von diesem Paradies wirklich werden zu lassen", eine 57-jährige verheiratete Frau.

„Grenzenlose FREIHEIT der LIEBE!
Ein unersättliches LAUFEN ins LICHT!
Ein VERSINKEN in GOTT –
im AUFTAUCHEN ‚Ich' zu sein, wie ER mich gedacht hat!
Die uneingeschränkte Fähigkeit: DANK zu sein!",
eine 76-jährige Ordensfrau.

„Für mich ist heute schon Paradies im Wissen, dass ich trotz Alter und Rollstuhl mich in den Händen Gottes geborgen weiß. Paradies ist für mich, wenn Menschen, die mich betreuen, liebevoll mit mir umgehen und Verständnis für die Gebrechen des Alters haben. Auch das ist Paradies für mich, dass ich noch im hohen Alter an der Gestaltung der Umgebung teilhaben darf und mein Gebet um den ganzen Erdball zu Gott schicken kann", eine 87-jährige Ordensfrau.

Kindergartenkinder zwischen 4–6 Jahren:

Die Beziehung zum Tod und Sterben, vom Leben nach dem

Tod, vom Himmel und vom Paradies, spiegelt sich bei den Kindern, wie sie es im Elternhaus erfahren und erleben, wie diese den Glauben leben und wie sie mit dem Tod umgehen.

Eine Erzieherin hat die Themen aufgegriffen und ist unter anderem in einem Gespräch darauf eingegangen, was man „am Himmel" sieht: Die Sterne, den Mond, die Sonne, die Vögel usw.

Durch eine Traumreise bekamen die Kinder den Impuls, zu schauen, ob es im Himmel auch Dinge geben könnte, die man mit dem Herzen spüren kann:

„Im Himmel leben Gott und Jesus", ein 6-jähriges muslimisches Kind.

„Es gibt dort Häuser aus Wolken, Erde und auch ein bisschen Gras", ein 5-jähriges Mädchen.

„Im Himmel gibt es viele Engel", ein 4-jähriges Mädchen.

„Die toten Menschen leben im Himmel, auch mein Onkel. Dort ist es traurig, weil die toten Menschen nichts zum Essen haben. Sie sind ganz alleine und haben keine Freunde", ein 6-jähriges Mädchen.

„Gott hat Jesus auch in den Himmel genommen", ein 6-jähriger Junge.

Die Erzieherin spricht mit den Kindern über all das und erzählt von ihrem Glauben: „Gott liebt die Menschen und passt auf sie auf, auch über den Tod hinaus. Wenn die Menschen bei Gott sind, geht es ihnen gut."

Kinder der 5. Klasse einer Realschule, die schon unabhängig von ihren Eltern sich etwas vorstellen können. Sie stellen sich das Paradies so vor:

„Es ist wunderschön dort. Es wachsen Bäume, und dort ist ein See, in dem viele baden können. Es gibt keinen Sturm und keine Blitze, kein Krieg und keine Waffen, sondern Frieden", ein 10-jähriges Mädchen.

„Schöne grüne Wiesen und Bäume mit saftigen Äpfeln. Man kann nicht sterben, und es gibt kein Geld, man kriegt alles umsonst, so dass Räuber lieb werden. Es gibt keinen falschen oder richtigen Menschen, niemand wird ausgeschlossen", ein 11-jähriger Junge.
„Ich denke, im Paradies gibt es einen Fluss mit Wasser, aus dem man etwas abfüllt in ein kleines Schüsselchen. Dann kann man sich etwas wünschen, danach ist das Wasser genau das, was man sich gewünscht hat. Und an einem Baum hängen Blätter, die können dir die Zukunft zeigen", ein Mädchen mit 10 Jahren.
„Das Paradies steht in den Wolken auf einer großen Wiese, da steht ein weißer Tempel und rund herum stehen Blumen und Bäume. Ein großer Berg umringt das Paradies. Von dem höchsten Gipfel fließt ein kleiner Fluss durch das Paradies", ein 10-jähriger Junge.
„Ich bin ein Junge und 10 Jahre alt. So stelle ich mir das Paradies vor: Ein Schokoladenfluss, und alles ist gratis. Und jeder hat einen Führerschein, dann wären alle zufrieden, und keiner sollte verdursten oder verhungern."
„Ich stelle mir das Paradies toll vor, ohne Autos und ohne Lärm von Flugzeugen", ein Mädchen mit 10 Jahren.
„Dieser Ort heißt alles und jeden willkommen. Ein Ort mit Glück und Frieden", ein Mädchen mit 10 Jahren.
„Eine unendliche Welt, wo alles kostenlos ist, wo man fliegen kann, wo man Mittel hat, die es auf der Erde gar nicht gibt, wo es keine Grenzen gibt", ein 10-jähriger Junge.
Eine 22-jährige Studentin: *„Paradies, das ist nichts rein Zukünftiges, nichts, was wir uns erarbeiten oder verdienen müssten. Nein, Paradies ist für mich etwas Geschenktes, etwas Leises, manchmal kaum Spürbares und dennoch Allgegenwärtiges. Das Paradies beginnt bei einem einfachen ‚Danke', einem tröstenden Wort, einem herzhaften Lachen, einer Umarmung oder einem ‚Ich bin für dich da!'. Für mich*

ist das Paradies hier in unserer Welt und Zeit dann erfahrbar, wenn Streit beiseite gelegt wird und Versöhnung trägt, wenn Lachen über Weinen siegt, wenn es warm ums Herz wird, wenn das Vertrauen in Gott wächst. Und trotzdem: Das Paradies ist auch etwas Zukünftiges. Es wächst Tag für Tag durch unser Ja, dem Ja für Gott, zu mir als geliebtes Kind und zu jedem Menschen, der mir begegnet. Das Paradies ist das, auf das ich hinlebe und für das ich lebe."

Was ist das Paradies? Schauen wir noch einmal in die Heilige Schrift. Was sagt sie uns, was erwartet uns? Das letzte Buch in der Bibel, die Offenbarung, spricht von der neuen Welt Gottes: „Dann sah ich einen neuen Himmel und eine neue Erde. Der erste Himmel und die erste Erde waren verschwunden und das Meer war nicht mehr da. Ich sah, wie die Heilige Stadt, das neue Jerusalem, von Gott aus dem Himmel herabkam. Sie war festlich geschmückt wie eine Braut für ihren Bräutigam. Und vom Thron her hörte ich eine starke Stimme rufen: ‚Dies ist die Wohnstätte Gottes bei den Menschen! Er wird bei ihnen wohnen, und sie werden seine Völker sein. Gott selbst wird als ihr Gott bei ihnen sein. Er wird alle ihre Tränen abwischen. Es wird keinen Tod mehr geben und keine Traurigkeit, keine Klage und keine Quälerei mehr. Was einmal war, ist für immer vorbei.‘ Dann sagte der, der auf dem Thron saß: ‚Gebt acht, jetzt mache ich alles neu!‘ Zu mir sagte er: ‚Schreib dieses Wort auf, denn es ist wahr und zuverlässig.‘ Und er fuhr fort: ‚Es ist bereits in Erfüllung gegangen!‘ "

Der freie Flug

Und zuletzt habe ich eine Bitte für heute, morgen und für alle Tage:

Herr, ich möchte fliegen
aus der Enge in die Weite
aus der Tiefe in die Höhe
aus dem Dunkel in das Licht
aus dem Schweren in das Leichte

Herr, ich möchte fliegen
in die Weite deines Herzens
in die Freiheit deiner Liebe
in das Erbarmen deiner Güte
in die Freude deiner Gegenwart

Herr, ich möchte fliegen
in deine offenen Arme.

SR. W. LIST
2013

„Wir haben keine bleibende Stätte hier auf Erden
und so müssen wir wandern und uns lostrennen von allem,
was auf der Welt ist und von dem,
was unser Herz noch hindert,
den freien Flug zu Gott zu nehmen.
Es kommt mir vor, der Mensch müsse,
wenn es soweit gekommen ist, sterben:
Denn das Herz ist ja umgewandelt
und von göttlicher Liebe erfüllt
und kennt nichts Irdisches mehr.
Diese Seelen können die große Reise in die Ewigkeit antreten,
und es wird sie nichts ängstigen.
Ihr Herz ist los und hat den freien Platz zu Gott.“

Schwester Ulrika in einem Brief an eine Mitschwester

Am Ziel der großen Reise angekommen

Schwester Ulrika, wie gerne würde ich dein herzliches Lachen, dein Singen, deine schöne Stimme hören, deine leuchtenden Augen sehen, die uns einen Blick in den Himmel öffnen.

Du hast sehr wenig gesprochen und doch mehr gesagt als alle, die viel redeten.

Dein Wirkungsfeld war sehr begrenzt auf Küche und Kapelle, doch deine Wirkung ist weltweit. In allen Kontinenten gibt es Verehrer und Verehrerinnen.

Während ich diese Zeilen am Computer in meinem Büro schreibe und mein Buch beende, schaue ich nebenbei aus dem Fenster auf den Schwesternfriedhof:

Alle Gräber in Reih und Glied, nebeneinander im gleichen Abstand, gleiche Grabsteine, gleicher Blumenschmuck, der immer zur gleichen Zeit gewechselt wird.

Nur eines ist anders: Auf jedem Grabstein steht ein anderer Name mit den dazugehörenden Daten. Jede Schwester ist einmalig und bei ihrem Namen gerufen.

Sie haben es geschafft, sie sind am Ziel der „großen Reise" angekommen und nichts kann sie mehr ängstigen, sie haben den „freien Flug" gewagt und beendet. Sie haben alle Lasten abgeworfen oder bei Gott abgegeben, so erhalten sie den „freien Platz bei Gott".

Endnoten:

[1] Aus: Lothar Zenetti, Auf Seiner Spur. Texte gläubiger Zuversicht

www.verlagsgruppe-patmos.de

[2] Johannes Broxtermann, Gedanken zu Christi Himmelfahrt 2006.

[3] Anselm Grün, Zerrissenheit, Vier-Türme-Verlag, Münsterschwarzach, 1. Aufl. 1998, 3. überarbeitete Auflage 2001.

[4] Jörg Zink, Mut zum Leben, Biblische Einladungen, Kreuz-Verlag 2012.

[5] Dr. Michael Rieger in: Bibel heute, 2. Quartal 2008, S. 18/19.

Anhang

Literatur:

- Erläutert von Werner-Egon Groß, Kapuziner, Selige Schwester Ulrika Nisch, Der Mächtige hat Großes an mir getan, Ihre persönlichen Aufzeichnungen aus den Jahren 1910 und 1911, Verlag Krusedruck, Philippsburg 1989.
- Aufzeichnungen der seligen Schwester Ulrika Nisch.
- Zeugenaussagen vom Informativprozess zur Seligsprechung der Schwester Ulrika Nisch.
- Die Bibelzitate sind aus der Übersetzung: „Gute Nachricht für dich".
Die Gute Nachricht Bibel mit den Spätschriften des Alten Testaments und Informations-Seiten rund um die Bibel, Deutsche Bibelgesellschaft.

Ergänzende Literatur zu Ulrika Nisch:

- Walbert Bühlmann, Er hat auf meine Niedrigkeit geschaut, Der Weg von Schwester Ulrika Nisch, Kreuzschwester von Hegne, Beuroner Kunstverlag, Beuron 1987.
- Klaus Hemmerle, Die leise Stimme, Ulrika Nisch, Ihr Weg und ihre Botschaft, Herder-Verlag, Freiburg, 1987.
- Es hat sich unterwegs ereignet, Mit Ulrika Nisch Jesus begegnen, Pilgerbuch, Sr. Maria Magdalena, Sr. M. Jacobe, Sr. Thomas Morus, Kloster Hegne, Sadifa Media Verlag, Kehl am Rhein, 2012.

Bildnachweise:

- Umschlagbild:
Mirjam Hinderberger, Barmherzige Schwester vom heiligen Kreuz, Hegne, 2013, Acryl auf Papier, 60 × 80 cm
- Fünf Bilder im Innenteil:
Wiltrud List, Barmherzige Schwester vom heiligen Kreuz, Graz/Österreich, 2013, Aquarell auf Papier, 21 × 30 cm
- Bilder:
Frank Müller Fotografie, Gottmadingen